高校档案管理工作与
信息化研究

邬雪军　著

中国原子能出版社

图书在版编目（CIP）数据

高校档案管理工作与信息化研究 / 邬雪军著. --北

京：中国原子能出版社，2024.5

ISBN 978-7-5221-3398-0

Ⅰ. ①高…　Ⅱ. ①邬…　Ⅲ. ①高等学校–档案管理–

信息化建设–研究　Ⅳ. ①G647.24-39

中国国家版本馆 CIP 数据核字（2024）第 093291 号

高校档案管理工作与信息化研究

出版发行	中国原子能出版社（北京市海淀区阜成路 43 号　100048）
责任编辑	杨　青
责任印制	赵　明
印　　刷	北京金港印刷有限公司
经　　销	全国新华书店
开　　本	787 mm×1092 mm　1/16
印　　张	13.75
字　　数	198 千字
版　　次	2024 年 5 月第 1 版　2024 年 5 月第 1 次印刷
书　　号	ISBN 978-7-5221-3398-0　　定　价　**72.00** 元

发行电话：**010-68452845**　　　　　　　版权所有　侵权必究

前　言

Foreword

　　高校档案记录了学校的发展，对于学校的理论研究、活动决策和教学评估非常重要。在过去，档案大多都是纸质的，随着数字化校园建设的推进，在高校管理过程中生成的电子文件数量越来越多。由于电子文件和纸质档案的管理方式存在差异，因此档案管理机构需要对档案工作进行改革，建立新的管理模式，以便更好地管理档案。

　　高校档案管理模式是高校内部对档案的管理方式，包括对档案机构的管理方法、管理的内容、管理方面的规章制度、管理方面的组织和领导等方面。当前，在高校档案管理领域，存在资源浪费和管理手段落后的问题。在档案管理方面，各学校存在着发展进度不一致的情况，一些学校的档案管理工作不尽如人意。随着信息时代的不断推进，高校档案管理逐步走上了数字化、规范化的信息建设之路。高校档案的信息化建设是国家引领的发展方向，更是档案工作自身价值完美体现的必经之路。

　　本书共分为五章：第一章为高校档案管理概述，主要包括档案管理综述、高校档案管理的含义与特点、高校档案管理的价值与意义、高校档案管理的内容与制度四个方面；第二章为高校档案管理具体内容，主要围绕高校档案的收集与整理、高校档案的保管与防护、高校档案的检索与利用三个方面展开论述；第三章为高校档案管理信息化建设，主要包括高校档案管理信息化建设概述、高校档案信息化管理现状与发展、高校电子文件的制作与管理、高校纸质档案的数字化建设四个方面的内容；第四章为信息化背景下高校档案管理创新研究，依次介绍了信息化背景下高校档案信息的安全措施、基于智慧校园的智慧档案馆建设研究、基于新媒体的高校档案管理创新研究三个方面的内容；第五章为高校档案管理信息化实践——数字档案馆，分为三部分内容，依次是高校数字档案馆建设概述、高校数字档案馆信息系统建设、高校数字档案馆资源建设。

在撰写本书的过程中，笔者得到了诸多专家、学者的帮助和指导，参考了大量的学术文献，在此表示真诚的感谢。本书内容全面，条理清晰，但由于笔者水平有限，书中难免会有疏漏之处，希望广大读者及时指正。

目 录

Contents

第一章　高校档案管理概述

本章为高校档案管理概述，主要就档案管理综述、高校档案管理的含义与特点、高校档案管理的价值与意义、高校档案管理的内容与制度四个方面展开论述。

第一节　档案管理综述

一、档案的基本知识

《档案工作基本术语》（DA/T 1—2000）对档案的表述是："国家机构、社会组织或个人在社会活动中直接形成的、有价值的各种形式的历史记录。"[①]我们可以从四个具体的角度理解这一定义。

（一）档案产生的主体和来源

产生档案的主体是各类国家机构、社会组织和个人，表现出多元性的特点。由于主体不同，就产生了档案的不同所有权——分别属于国家、集体、私人（个人、家庭、家族）所有。从来源看，档案产生于不同主体所从事的不同的社会活动，复杂的社会实践，决定了档案来源的广泛

---

① 陈晓晖，赵屹，郭晓云.档案网站建设［M］.上海：世界图书上海出版公司，2014.

性和档案内容的丰富性及一定来源和内容的档案材料之间的有机联系。

（二）档案来源于文件

这里的"文件"是指广义上的文件，即组织或个人为处理事务而制作的记录信息的一切材料。档案是由文件材料有条件地转化而来的，只有使用或办理完毕、具备查考利用价值并经过系统整理的文件才能转化为档案。

（三）档案的形式多种多样

就档案的载体而言，存在甲骨、金石、缣帛、简牍、纸质文件、磁盘、胶片等不同的形式。就档案的制作方式而言，有刀刻、笔写、印刷、复制、摄影、录音、录像等多种手段。就档案展示的具体方式而言，可以分为文字、图形、声音和影像等不同的形式。档案的形式对于档案的保存、形成和管理都有不同程度的影响，因此档案工作者应根据档案的具体特点，使用科学的管理方式。

（四）档案的本质属性

档案记录了一段历史时期内所发生事件的真实情况。档案的本质在于其具有原始记录性，这也是档案和其他资料的主要区别。一方面，档案与其他历史时期的产物不同，是通过对具体内容的表现反映一段时期内人物和事件的特定记录，记录性较强。另一方面，需要注意的是，档案与其他文献资料存在一定的区别，它是由特定的见证者通过纸质记录的方式转化而来的，而不是事后编辑或重新搜集的其他资料。因此，档案的原始性特征较强。档案将记录性和原始性的特征集中在一起，这一特征将档案和其他资料类型区别开来。深入理解档案的内在本质，有助于我们从规律层面认识档案的特点，从而以更为科学的视角做好档案的科学管理工作，处理好档案和其他资料之间的关系。

二、档案的分类

我们为了从更为全面的角度认识和理解档案的内容，常常需要从多个方面，使用不同的方法对档案进行分类。

（一）按档案内容性质划分

1. 文书档案

文书档案记录了党务、行政管理等活动的具体内容，也是人类具体活动的客观记录。

2. 科技档案

这些档案记录了人类开展科学研究和相关活动的过程，它们反映了人类为了适应社会发展变化作出的努力。这些档案记录有科研档案、基建档案、设备档案、产品档案、地质档案、测绘档案等。

3. 专门档案

它是反映专门领域活动的档案，是人类为实现特定职能目标而从事的某些专业性活动的记录，如会计档案、人事档案、教学档案、公安档案、诉讼档案、税务档案、婚姻档案、社保档案、病历档案等。

（二）按档案的形成者划分

按档案的形成者划分可分为机关档案、事业单位档案、企业档案、军队档案、社会团体档案、农村档案、个人档案等。

（三）按档案的载体形式划分

按档案的载体形式划分可分为甲骨档案、金石档案、简牍档案、缣帛档案、泥版档案、羊皮档案、纸质档案、机读档案、缩微档案、声像档案、电子档案等。

（四）按档案内容所反映活动性质划分

如果按照档案表现出来的社会实践活动内容，我们可以将档案划分为政治档案、军事档案、经济档案、科技档案、文化档案、宗教档案等。

三、档案管理的内容

档案管理的内容主要包含两个方面，分别是档案实体管理和档案信息组织。档案实体管理，顾名思义，就是指管理实体档案资源，对处于实体状态的一系列档案所进行的管理操作，包含对实体档案资源的收集、整理、鉴定、保管等，使之按一定规律保存下来，成为一种完整、系统的历史资料，以便之后进行查阅。档案信息组织，就是指对档案中包含信息的管理，加工和贮存档案中的信息，使档案中的信息形成二次文献，从而更好地开发与利用档案信息。档案信息组织的方法多种多样，主要有文献法、主题法、分类法、索引法、综述法等。

四、档案管理的基本要求

档案有着多种类型，不过，无论它是什么类型，对档案进行管理的基本要求大致相同，主要有以下几个要求。

（一）完整性要求

完整性要求，顾名思义就是指要保持档案的完整性。档案的完整性要求是档案管理的基本原则，这需要做到两点：第一点，档案管理要保持完整性，不得随意丢失或移除档案，在整理过程中要确保所有档案的完整性，使其能够得到合理的保存，集中保存的档案要确保不丢失、不遗漏、不分散，档案全宗和全宗群的完整性应该得到维护，各个档案要确保其数量齐全。第二点，档案与档案之间并不是毫无联系的，而是互相之间有着历史联系，保护档案的完整，也包含要保护档案之间的历史联系，不能对其进行人为分散与割裂。

（二）科学性要求

档案管理要求科学合理，对档案的管理并不是一项简单的工作，而是需要遵循档案工作的发展规律，用科学理论与方法建立一个科学管理的馆藏体系，提高档案管理的水平，使之满足科学性要求。

（三）安全性要求

档案管理的安全性要求也是十分重要的，档案的安全性要求简单来说就是要保护档案安全，避免机密泄露。然而档案往往不仅包含现在的信息记录，更多的是以前年份的信息记录，由于距离现今有一段时间，所以有一些档案材料的安全性不如现今的材料，其纸质、文字、图像等都容易遭受一定的损伤，从而难以留存。因此还需要尽量延长久远年份的档案记录的寿命，这也属于档案安全性要求的内容。

（四）规范性要求

在信息化时代，人们对档案信息管理的需求越来越多。在现代科学技术迅速发展、信息交流日益频繁的今天，档案管理也逐渐向着信息化、网络化的方向发展，档案管理工作的规范化、标准化越来越受到人们的关注。

（五）经济性要求

在做事情之前通常都要考虑成本，在进行档案管理的时候也要如此。无论是要保证档案管理的安全性要求，还是完整性要求、科学性要求等，各种要求的实现都离不开经济条件的保障。所以，在档案管理中，经济因素往往起到决定性作用。这就要求我们必须把档案管理目标与经济目标结合起来，从不同角度分析研究和制订各种措施。

（六）现代化要求

随着各种现代化技术的产生与普及，档案管理要求也逐渐倾向于现代化。在档案管理之中，复制技术、计算机技术、视听技术等逐渐融入档案管理之中，使得档案管理方式也变得越来越多元，提高了档案现代化管理水平，大大提高了档案管理的效率和质量。

第二节　高校档案管理的含义与特点

一、高校档案管理的含义

在高校之中，档案是在教学研究、教学管理等一系列工作中形成的教学文件、教学材料，是师生在教学、科研实践活动中创造与积累的知识与劳动结晶。教学档案就是指在教学管理、教学实践中形成的有保存价值的历史记录，如文字、音像、图表等。在教学过程中，教学档案不可缺少，它展现了整个教学工作的方针、政策，形成一个记录，有利于为之后的教学活动提供参考，同时也便于别人更好地了解教学内容，总结其中的经验、教训，从而更好地对高校教学进行改革，提高教学效率与教学质量。教学档案记录了高校教学工作的方法与结果，包含教学大纲、教学日历、教学计划与总结、学生学籍、学生课表、考试安排、规章制度、学生成绩、教师工作量等。高校档案的主要形成机构是系一级教学单位与教务处。

进入 21 世纪，随着时间的推移、社会的发展，高校教学改革也在不断进行之中，到如今已经取得了不小的成绩。在高校不断深化改革之际，我国高等教育事业迅速发展起来，学校规模不断扩大，招生人数不断增多，学校档案也随之不断增多。高校的教学档案变得越来越丰富，这就使得加强教学档案管理显得非常必要和迫切。高校档案管理工作是高校评估工作的重要内容，因为它是衡量学校教育质量和管理水平的重要标准。高校档案管理中，最重要的是对教学档案的管理。

2008 年 9 月 1 日，《高等学校档案管理办法》颁布，它是对 1989 年颁布的《普通高等学校档案管理办法》的修订。它明确规定了各级教育行政部门及各级人民政府的档案行政部门所负责的相应工作，以便于其能够更好地履行职责。在高校之中，档案管理工作有着十分重要的意义，学校有责任加强这方面的管理，并将其融合到学校的全面发展计划中。

高校档案管理工作是高校对本身档案管理工作的统一规划和管理，包括设置机构、制订政策、规范职能、人力物力的投入等的管理活动，是高校档案管理机构对高校档案的收集、整理、鉴定、开发、利用等一系列的管理活动。高校档案管理机构一般是档案馆或者档案室，负责统一指导高校各院系、行政部门的档案管理活动，协助各院系、部门的相关人员做好本部门的材料归档工作，档案管理机构在对档案的价值进行评定之后按照规定进行管理，为高校各部门、师生和社会的需求提供档案服务。

二、高校档案管理的特点

（一）固有特点

1. 来源上的分散性

高校的档案主要是在教学过程中所产生的档案，它是学校在一定时期内通过教学活动积累起来的真实记录，包含了教师的"教"与学生的"学"两个方面。高校档案的来源是十分广泛的，下面，从"教"与"学"这两个方面进行简要分析。

从"教"的方面来看，高校档案一部分来源于具体的教学之中，一部分来源于学校教育管理业务部门。在具体的教师教学与教研室之中，高校档案主要有教师上课时的教案、教材建设及教学总结等。在学校教育管理业务部门形成的档案也可以分为两部分，一部分是本校根据本校实际情况制订的一些招生、学籍管理、学时分配、教学计划等方面的文件材料；另一部分是上级教育部门的一些教育指导文件材料，如教育部颁布的《普通高等学校学历继续教育办学基本要求》《"十四五"普通高等教育本科国家级规划教材建设实施方案》等相关文件。从"学"的方面来看，高校档案包含有学生的日常学习过程和知识应用实践两方面所形成的材料，如学生的论文、成绩表、实习报告、毕业鉴定等。教师的"教"与学生的"学"共同构成了高校的教学档案，二者彼此独立又相互统一。

2. 内容上的复杂性

由于"教"与"学"的特殊矛盾性，特别是各级各类学校的专业设置与开设课程的多样性，教学档案的内容涉及人类知识的各个领域，有社会科学知识、自然科学知识、技术科学知识，可以说教学档案的内容包含各个方面的内容，从具体内容来说，更是十分庞杂，有专业设置、教育方针、学生奖惩、教学总结、教材、师资管理等。此外，高校的教学档案还包括众多的内容，如大至由上级主管部门下达的各类文件、中至院校所制定的培养目标以及设置的专业、小至教师制作的教学教案及课件等。

3. 时间划分上的特殊性

在我国，档案的管理强调时间特性，往往以年代来区分、排列，教学档案也不例外，但教学档案在年度的划分上又与其他档案不同，它是以教学年度和学制年度进行区分的。

此外，高校主要按照两种形式开展教学工作：一种是学期制，另一种是学年制。这也就使得高校的教学档案呈现出周期性特征，高校的教学管理工作主要由院系负责完成，对于不同届次学生的教学工作是以所学学制为一个周期来制订工作计划和总结检查的。因此，教学档案也应按学期、学年或学制来构建，形成周期性的档案，对以学期、学年、届次来组织教学的教学管理工作更具有参考和指导价值。为此，高校应当按照学期及学年归档与整理高校的教学档案。

4. 制成材料上的丰富性

教学档案要反映教学工作面貌和真实记录教学管理活动，就必须依靠大量的原始性资料。没有数量充足、完整准确的原始资料就不能反映教学工作的真实面貌，因此教学档案资料的原始性和完整性是教学档案工作的又一主要特点。在教学过程中，为了教学和实际的需要，可能会在教学活动中形成不同形式的材料，就制成材料而言，既有纸质的，又有非纸质的，非纸质的有照片、录音带、录像带、磁盘、光盘、幻灯片等。就制成材料格式来看，有统一规格的表格式、簿册式，还有没有统一规格的手稿、图表等。此外，教学档案还有综合性、专业性、层次性等特点。

5. 档案形式的多样性

由于教学活动的多样性，记录活动的形式也是多样的。只有档案原始资料的多样性，才能真实、确切地反映多样性教学活动的面貌。教学档案原始资料应包括纸面（质）的、图片、音像、光盘等多种形式。

6. 形成方式的内部性

高校档案材料大多是校内教学管理部门和业务部门及师生个人在工作中自然形成的历史记录。这些材料手写得多，印刷得少，不带文号得多，带文号得少，绝大部分是不通过正式公文来往渠道产生的，因此大多不经收管部门登记，也没有副本，这是教学档案有别于一般行政公文的特点。

7. 学科划分上的专业性

高等院校是按学科专业设置的院系组织教学活动的，院系教学工作既有遵循人才培养成长共性规律的一面，更要遵循不同学科专业属性的特殊规律。不同学科专业人才的培养采用不同的人才培养方案，实施不同的教学计划，设置不同的课程，安排不同的教学环节和教学活动，提出不同的培养要求，实现不同的培养目标。因此，不同学科专业院系的教学工作也是不尽相同的，具有很强的学科专业特性。

8. 作用上的社会服务性

高校档案对教学活动进行记录，为开展教学研究活动提供重要资料支持，对于促进教学研究活动的顺利进行具有重要作用。随着信息时代的到来，高校的教学档案更是突破以往的利用对象范围，逐渐呈现出跨行业、跨院校的特点，发展成为共享性资源，慢慢体现出更多的社会服务职能。

（二）时代新特点

随着时代不断发展及技术水平的不断提高，高校档案管理也呈现出一系列新的特点，下面进行简要分析。

1. 教学档案逐步走向电子化

随着社会的发展，人们对高校档案管理的要求逐渐增多，传统的纸质教学档案已经不能满足教育信息化的要求，教学档案逐步走向电子化，这更符合信息时代的需要。与传统的纸质教学档案相比，利用计算机网络技术进行档案管理，能够更好地进行贮存，不会过多地耗费空间，同时利用网络传播收集档案信息，不会过多地耗费时间，电子化的教学档案也能及时收集到各种形式的档案资料。

2. 多渠道、动态和主动征集教学档案

起初，高校征集教学档案比较麻烦，现如今，随着教学信息化的发展，教学档案逐渐走向电子化，高校教学档案的征集渠道变得越来越丰富，同时高校教学档案征集也逐渐趋向于动态化和主动征集。网络征集是一个非常好的平台，它能够更加便利、快捷地进行档案征集，可以在网络上建立一个校园网站，然后在校园网站上进行教学档案的征集活动。在建立校园网站的时候，要确保其能够方便档案传输，同时还要根据所要征集的内容来对网页进行设计。在进行教学档案征集的时候，学生、教师、学校管理者要主动提供档案。

3. 充分发动全员参与建设教学档案

在之前的档案建设过程中，往往只是由几个专门负责这部分工作的人进行，大部分人都处于漠不关心的状态。在新时代，相比于之前的档案建设，教学电子档案的出现，能够有助于全员参与建设教学档案，要鼓励大家积极参与，可以采用以下几个方法。

（1）为每位教师建立电子档案

教师都有着各自不同的教学特点，可以针对每一位教师建立独属于其各人的电子档案，在校园网上以年级组或教研组为单位进行建立。每一个教师的教学电子档案都有着一定的权限，只有教师本人与相关部门主任才可以在相应的电子档案中填写或更改资料。其他教师可以打开浏览，但不能改动。

（2）及时督促相关部门和教师上传各种资料

电子档案管理员可以在校园网上以发布公告的形式或用电话通知等方式督促相关部门和教师及时地向电子档案部门输送资料。学校教导处、教研室及时上传本部门的资料，定期对每位教师教学质量进行评价分析，并把这些分析评价结果上传到相应的电子档案中；每位教师则根据学校提供的电子档案及上传档案要求，填写各自电子档案的内容，并不断补充完善。如教师定期把在教研组活动中的优秀教案、获奖或发表的论文、有推广和实用价值的课件、个人反思等资料传送到电子档案中。

（3）加强电子档案资料的展示工作

许多教师对档案建设不关心的重要原因，就是没有看到教学档案在实际工作中的效果。为了使电子档案发挥应有的作用，我们应该对电子档案进行各种形式的展示。

① 教研组内展示。学校要求教研组在开展活动时，把每位教师在教研组内展示自己的电子档案作为一项重要的活动内容。每位教师应积极把自己收集的最优秀作品在组内展示，并对该作品作出自我评价，然后教研组进行讨论、分析和评价。

② 校内展示。学校利用全校性的会议，经常性地展示部分表现较突出的教师的电子档案资料，及时介绍和推广他们的教学经验和教学策略，并组织教师利用业余时间学习，促进教师业务水平的提高。

4. 教学电子档案的建立将发挥重要作用

（1）有利于学校对教学质量的监控

与纸质档案相比，高校电子档案可以随时随地地进行查询，不受到时间和空间的限制。而且，电子档案的类型也更加多种多样，它能够全方位、立体化地展示教师的教学过程，使学校能够更加准确、及时掌握教师的教学情况。另外，电子档案是动态式的、定期性的，这有利于学校监控教师的教学质量，同时也有助于学校及时发挥导向与诊断功能，调动起教师的工作积极性，对教师展开动态式的、定期性的评价，促使其更好地展开教学。

（2）有利于专业水平的发展

教学电子档案能够更加及时地展现教师的教学情况，高校能够通过教学电子档案对教师的教学情况进行评价，可以说，教学电子档案就是一套对教师的动态评价系统。学校领导通过对所获得的教学电子档案进行分析评价，可以了解教师的教学情况，以便及时针对教师在工作中遇到的问题提供意见与指导，促使教师不断改进。教师通过对教学电子档案进行分析，可以更加清晰地了解自身的教学情况，针对自己教学过程中出现的情况加以反思，不断总结经验教训，从而更加积极主动地参与到教学之中，有利于其专业水平的发展。

（3）有利于整体水平的提高

教学电子档案的建立有利于信息资源的交流与共享，使各信息资源的价值得到充分发挥，促使其得到充分利用。教师要积极参与教学电子档案的建设，不断分享自己的经验与成果，与他人共享。教学电子档案使得教师不仅可以看到自己的教学电子档案，更加全面、清晰地认识自己，还能够让其观看到其他同事的教学电子档案，并将之与自己的教学电子档案加以对比，取长补短。

第三节　高校档案管理的价值与意义

一、高校档案的价值

（一）文化价值

高校的档案是对高校发展的记录，其中便也包含对高校文化的记录。高校档案记载和保存了高校广大教师、学生、管理人员的教学情况，使高校的教学文化进行了一代又一代的传承，使其成为一种具有延续性的文化体系。高校档案具有文化价值，通过对高校档案中的文化价值的挖掘和利用，能够传承以往教学经验、启发高校的未来教学活动，促进高校教学未来更好的发展。

（二）参考价值

在我国社会经济不断发展的背景下，人们越来越重视高等教育事业的进步和发展，而在高等教育事业之中，高校档案的价值也越来越被众人重视。高校档案是对教学过程的记录，高校档案相关文件材料都是高校教师的智慧结晶，对于之后的教学与管理工作都起到十分重要的参考作用。比如，教学档案中所记录的教学相关的文件材料，有利于之后教学的顺利进行。之后的教学过程可以以先前教学档案中所记录的相关文件为参考，学习其中好的部分，增长经验与教训，找准教学规律，改进教学方案，更好地完善教学模式，制订出更加符合学生的教学方案，真正地为社会培养可用之才。

高校档案中的一些关于教学管理方面的文件材料，可以对高校教学管理工作起到借鉴作用，对于一些新进入学校的教职工来说，即便对他们已经进行了一个简单的培训，但是他们可能还是并不懂得如何进行教学管理工作，这时候就可以让他们参考之前的教学管理档案文件进行教学管理，吸取其中的经验与教训。

高校档案中还有关于教学规章制度方面的材料，通过一次次地改进，高校的教学规章制度才得以是如今这个样子，它必定是与高校的实际情况相联系的，以这些记载详细的文件材料为参考，便于之后教学规章制度的改革，也便于之后教学制度的规范化、科学化、效能化的发展。

（三）证明价值

高校档案是衡量高校教学质量和管理水平的重要标准，它具有十分重要的证明价值。比如，针对高校学生档案来说，它主要记载和保存了学生的个人信息、学籍情况及大学四年的学习成绩、在校情况、实习情况、毕业论文情况等，这些都是学生在校情况的重要证明，对于学生毕业之后的工作就业也起到重要作用。针对高校教师业务档案来说，教师在教学过程中的教学情况、学术研究情况、获得荣誉情况等在教师业务档案内都有一个十分明确的记录和保存，这能够证明教师本人的工作态度、教学能力、科研能力，同时高校也能够对教师做到一个更加科学合理的判断，从而更好地发现人才，利用人才。

（四）使用价值

高校档案具有使用价值，它覆盖了高校的多个方面，并能够为其提供参考和凭证。高校档案往往记录了从高校建校以来的各个时期的历史面貌、珍贵史料、尖端成果等，这有助于学校编史修志，也有助于人们更加了解学校，更加准确地对学校资源进行开发利用，促进学校经济建设与教育事业的发展。所以，在收集学校的信息、数据、资料的时候，要尽可能准确、真实，然后将其整理成系统化的教学档案，以便更好地指导和协调学校的各项工作，确保学校教学顺利进行。

（五）动力价值

高校档案是对教师教学成果的真实反映，对于教师来说，这能够让他们产生一种成就感，让他们更好地对学生进行教学，不断地改进教学方法，提高教学质量和教学效率。因此，高校档案具有动力价值，它是对高校教师的一种肯定，能够对教师之后的深入教学提供动力，推动其积极地展开教学创新，推动教学的进一步发展。

（六）教育价值

高校档案是一部学校发展史，它准确反映了学校的发展历程，涉及学校发展建设管理、学生管理、教育教学管理、人事管理等多个方面，具有十分重要的教育价值。关于高校档案的教育价值，下面进行简要介绍。

首先，高校档案能够为之后学校的发展提供借鉴。高校宝贵的信息资源和财富，它记录了学校从初创到现今的全过程，将学校的整个发展明晰地展现出来，反映出高校发展的各个阶段的特征与变化，体现了历史的传承性。在学校的发展过程中，几代人付出了不懈的努力，才终于获得如今的成绩。先辈的伟大品质值得现今的每一个人学习，对于高校教职工和学生来说，高校档案就像是一个取之不尽、用之不竭的资源宝库，同时又像是一本生动活泼的教材，具有深远的认识价值和教育价值，激励着在校师生不断前行。

其次，高校档案的价值还体现在对学生进行校园文化教育，培养学生的价值认同感方面。高校档案中包含了多方面内容，其中自然也包括高校文化相关内容。每一所学校都有着独特的历史背景、地理区域、教学优势、办学目标，校内的教师、学生也都是不同的，高校文化是由教职工、学生在高校历史发展之中逐渐形成的，它具有高校鲜明的特色和风格，是一所高校的文化标志。高校档案是校园文化教育的载体，它蕴含着高校的校园文化与核心价值理念。

校园文化并不是凭空产生的，而是在校园历史发展之中不断传承演变而来的，同之前的校园文化相比，现今的校园文化与其同根同源，有着众多相似之处。校园档案中记录保存着众多的校园文化内容，尽管它与现今文化有一些不同，但是通过对其进行深入挖掘与处理，也能够让学生感受到一种与现今学校文化环境相似的文化氛围，同学生的生活、学习的校园环境组合到一起，共同对学生进行潜移默化的校园文化教育，使学生对这种校园文化与核心价值理念从心底里产生认同感。

再次，高校档案的教育价值还体现在它能够使学生对学校产生归属感。对于一个人来说，最基本的需求就是生理方面的需求，包括吃饭、喝水、穿衣、居住等几方面的内容，它们属于低级需求，仅仅是吃饱穿暖是不够的，还需要更高层级的需求，归属需求属于一个人的中级需求。

一个人有了归属感之后，其从内心里就会更加热爱生活，日常学习、工作的态度也会更加积极，其整个人对于自身的定位、自我价值认同也会有很大的不同。所以，在高校之中，应尽可能地增强学生的归属感，尊重学生，关爱学生，使他们能够感受到家一般的温暖，接受学生，认可学生，使他们能够意识到自己的价值，意识到自己是学校大集体中的一员。这样，学生才会更加乐于参与学校的活动，更加积极投入学习之中，愿意承担作为学校一员的责任与义务。高校档案在培养学生的归属感方面具有重要的积极意义，档案中记录保存了高校的众多信息与资源，学生充分利用档案资源，能够更加清晰地了解学校，从而不断拉近与学校的距离，对学校有一个更加准确、全面的认识，还能更清晰地了解自己在学校环境中所处的位置以及学校与自己之间的关系。这样，学生就会意识到自己是学校这个大集体中的一部分，从而保持一个更加积极的学习态度，自觉维护学校声誉。

最后，高校档案也有利于培养学生的职业认同感与职业归属感。通常情况下，学生毕业之后所从事的工作与其在高校中所学的专业有关，所以，对于学生来说，高校之中所学的专业理论知识与技能十分重要。高校档案将学生的学习过程完整地保留了下来，有利于学生更好地了解自己，了解自身的专业，它是学生成功的基础，在职业认同感和职业归属感教育方面具有重要作用。

所以，在对学生进行教育的时候，要在学校教育的基础上融入高校档案教育，深入认识与挖掘其教育功能，确保其价值能够得到充分体现。

（七）记录价值

在新时代下，随着教育事业的不断改革与创新，对高校校史的研究逐渐成为各大院校重点关注的课题之一。学校校史的编撰离不开高校档案，教学档案中有大量参考资料，可以将其补充到校史编撰之中。高校档案中的各门类档案都是分门别类整理好的，不同的类别有各自的档案盒，档案盒上还有文字标注，这样能够更加清晰地找到所需要的资料。高校档案类别多样，内容丰富，为校史的编撰提供了有力的支持和依据，体现出其记录价值。

二、高校档案管理工作的意义

（一）有利于高校资料的查询

随着信息技术的发展，高校档案管理逐渐向着信息化的方向发展，高校档案查询更加方便，不用再去纸质文件中一个个翻找，直接在计算机上查询即可，这大大提升了档案的查询速度。

（二）有利于提高信息管理水平

之前，人们通常使用纸质版本进行档案的管理，后来，随着电脑的逐渐普及，我国大部分高校都已经建立相应的档案管理系统，并且通过这些系统来为学校提供相关服务，纸质文档变成了电子文档，高校开始在电脑中进行档案管理，其信息管理水平和档案管理效率大大提高了。对高校电子档案进行管理，需要设立一个统一标准，比如，根据统一的编码标准对其进行统一编码，然后将其存放在特定数据库之中，这样可大大减少实体空间的利用，便于档案的储存，同时也使得信息查询更加方便，极大优化了高校的信息处理能力。

（三）有助于实现资源共享

在学生还未毕业之前，学生的档案一直被放置在高校之中，而学生毕业之后，学生的档案就要跟随着学生前往用人单位，以往都是将学生的纸质档案材料邮寄到公司的人力部门，在这个过程中，档案内的资料信息没有被共享，其价值也没有被充分发挥出来。随着高校信息化的逐步推进，高校档案管理也变得越来越规范化、科学化、数字化，档案资源能够被其高校共享。但是，在这个过程中也容易发生一些问题，如信息泄露问题，所以，高校应当积极构建数字化档案服务平台，完善服务功能，强化对学生个人隐私的保护，避免信息泄露。

（四）有助于提高就业率

学生的档案十分重要，它不仅包含了学生的学习情况，通过档案，用人单位还能够更加清晰地了解学生的学习状况、掌握能力等方面的情况。随着教育信息化的发展，高校档案管理也逐渐趋向于数字化。高校数字化档案管理体系有助于用人单位更加方便地了解学生的基本情况，提高高校毕业生的就业率，使其获得更加合适的就业机会，提高学生的就业满意度。

第四节 高校档案管理的内容与制度

一、高校档案的基本内容

高校档案作为教学管理和教学实践活动过程中形成的文件材料，首先必须对学校和社会、当前与长远具有参考价值和凭证作用；其次必须反映教学管理、教学实践活动的全过程，力求完整、准确和系统；最后必须遵循其自然形成规律，保持有机联系，符合教学管理和教学实践活动的系列特点。具体来说，高校档案主要包括以下几方面的材料。

（一）教学管理活动中产生的综合性材料

教学管理活动中产生的综合性材料主要包括上级下达的教学工作方面

的规划、指示、规定、办法，学校制订的教学工作规划、工作计划、实施计划、工作总结，有关教学方面的制度、规定、办法、条例、会议记录、检查、评估和各级优秀教学质量评奖材料、年终统计报表、学生运动会材料等。

（二）学科与实验室建设方面的文件材料

学科与实验室建设方面的文件材料主要包括上级有关学科、专业设置及实验室建设的文件材料，学科、专业、实验室论证、评估、申报、审批材料，重点学科、专业、实验室建设材料，学科、专业、实验室建设统计报表等。

（三）招生管理方面的文件材料

招生管理方面的文件材料主要包括上级有关招生工作的文件材料，学校的招生计划、生源计划，新生录取材料及新生名单，委培、代培、自费生招生计划、合同及新生名单，研究生入学试题等。

（四）学籍管理方面的文件材料

学籍管理方面的文件材料主要包括新生入学登记表、学生学籍卡片、学生成绩总册、在校学生名册、学生学籍变更材料及学生奖惩材料等。

（五）教学计划及教学实践的文件材料

教学计划及课程教学实践方面的文件材料主要包括学校各专业教学计划、教学大纲，课程建设要求及安排，校历表，课程表，各系、科、专业课程试题库，典型教案，重要备课记录，教师情况调查表，电化教育中的录音、录像、磁带等。

（六）学位工作方面的文件材料

学位工作方面的文件材料主要包括上级有关学位工作文件材料，本校学位评定条例、办法、总结，学位委员会会议记录，学位委员会授予各层次学位清册，本科生优秀学士学位论文，博士、硕士研究生学位论文及评审材料等。

（七）毕业生工作方面的文件材料

毕业生工作方面的文件材料主要包括上级有关毕业分配的文件材料，毕业生工作计划、简报、总结，毕业生分配方案、调配派遣名册，毕业生存根，毕业生合影及毕业生质量跟踪调查和信息反馈材料等。

（八）教材方面的文件材料

教材方面的文件材料主要包括自编教材、主编教材、教学指导书、课程设计指导书、实验指导书、实习指导书和习题集等。

（九）教师培训方面的文件材料

教师培训方面的文件材料主要包括教师教学情况，教师工作量的规定及执行情况，教师业务考核材料，教师进修培训的计划、总结、学习成绩等文件材料。

二、高校档案管理制度

在我国的档案管理制度体系中，构建管理体系的核心元素为：对不同类型的档案进行有效的归纳与整合，实现不同档案的效能统一性发挥和应用。突出档案管理制度的应用价值，反映档案管理制度建设的强度，控制档案管理制度建设与发展的成本，实现对档案管理制度体系的完善与优化。在这一环境中，需要基于高校的发展和建设进行高校档案管理制度建设和应用的分析，面对档案管理的业务规范作出有效的构建、面对档案管理制度的资源整合作出有效的归纳、面对档案管理制度的整体建设与发展提出全新的意见与看法。建立档案管理制度，是规范管理档案的有力措施。基于《档案室工作职责》《档案室管理制度》等规定，档案管理制度的建设及整体工作的开展才能谈得上有章可循，才能确保在后续的制度应用与优化实现高校档案管理工作的进一步发展与质量提升，其主要标准为：纳入科室管理考核体系进行应用、明确档案管理责任分工与问责制度的范畴、作为管理人员年终评先工作开展的主要依据等。通过以上方面的应用，可以进一步促进高校档案管理制度在细节上的完善与优化，且可以制定一个健全的管理标准。

（一）高校档案管理的制度缺失问题

1. 档案管理的时效问题

在《机关文件材料归档范围和文书档案保管期限规定》中，档案的保管期限只有永久、30 年和 10 年三个时限，并且明文规定："对保管期限已满、已失去保存价值的档案，经有关部门鉴定并登记造册报校长批准后，予以销毁。未经鉴定和批准，不得销毁任何档案。"[1] 最高人民法院、国家档案局颁发的《关于人民法院诉讼档案保管期限的规定》将诉讼档案的保管期限分为永久、长期、短期三种。长期保管时间为 60 年，短期保管时间为 30 年，但档案管理有时会涉及民事诉讼，为此对于一些不太重要的档案至少要保存两年。因为在法律规定的诉讼时效期间内，权利人提出请求的，人民法院就会强制义务人履行所承担的义务。而在法定的诉讼时效期间届满之后，权利人行使请求权的，人民法院就不再予以保护。由于档案的用途和性质不同，档案保管的时效也应该有所区别，但目前的管理制度之间的不统一会导致高校档案管理人员对部分特殊教学档案的管理时效产生困惑。

---

① 王芝兰. 高校档案规范化管理［M］. 长沙：湖南师范大学出版社，2012.

2. 电子档案的归档问题

学分制与选课制在高校的推广和高校教务管理系统的应用使得传统以纸质媒体为主的教学档案逐步趋于电子化，随着翻转课堂、慕课（MOOC）、在线课程、在线考试等新的教学和考核形式的出现，很多教学档案在数字设备及环境中生成。这类电子教学档案的归档方式和储存问题已然成为高等院校必须面对的问题之一。

3. 证据档案的管理问题

《中华人民共和国刑法（修正案九）》的出台让考生作弊材料从普通的教学档案向法律证据转变成为可能，如何妥善保管考生作弊材料已经不再是单纯的档案管理问题，而是成为法律证据的收集和保管问题，但目前执行的高校档案管理文件对这类特殊档案的管理问题尚未形成明确的意见。

4. 成绩档案的更新问题

教学档案不仅是学校教学过程的简单记录，教学档案中的学籍登记表、成绩表、实习鉴定表等内容是伴随学生一生的重要材料。对于学生来讲，他的就业、入职、职业晋升等事情都与其档案有着千丝万缕的联系。随着高校的扩招，弹性学制、大学生休学参军入伍、休学创业等现象日益频繁。部分大学生并不能在 4 年内完成学业，而高校教学档案的归档时间一般在大学生毕业次年的 6 月，这就会导致部分学生的成绩档案在归档时仍有因课程不及格而未修得学分的情况出现。高校档案管理要对这些问题进行研究和解决。

（二）高校档案管理制度建设策略

1. 强调档案管理制度建设功能

档案管理制度的建设需要突出其功能性和应用价值，只有这样才可以保证高校档案管理制度建设的作用性与实效性。在这一背景下，档案管理制度的建设需要紧紧依托高校自身的发展特征及高校的发展背景对其进行设计与开发，且需要逐步地突出和应用档案管理制度的实际效能。这样，可以为广大教职工提供一个良好的工作环境，且能够为后续的高校档案管理制度建设与发展带来较大的"黏性"。

第一是高校档案管理制度的导向性原则，应用这一原则，能够对高校的整体发展及教职工的价值取向进行分析与探索，且可以基于高校的发展标准及教职工的价值取向特征对高校档案管理制度进行统筹与规划。第二是高校档案管理制度的凝聚性作用，高校档案管理制度的建设、发展及应用能够为整体建设提供较高的凝聚力，且能够推动教职工、学生及相关人员针对档案管理制度的贯彻与落实做好本职工作。所以，档案管理制度的建设和发展及应用是全校上下所有人员共同努力的结果。第三是档案管理制度的激励作用，通过对档案管理制度建设的过程可以发现，当前学院领导对工作的开展较为重视，且针对教职工的工作方向也提出了全新的要求。通过对高校档案管理制度的建设，构建了教职工发展的目标，突出了整个档案管理制度章程的应用价值，实现了对档案管理制度建设的潜在意识影响的提升与发展。第四是档案管理制度的约束性作用，制度本身作为一种具有约束性作用的工具，能够为档案管理工作开展带来相应的监督与管理效能，而且可以帮助管理人员在日常工作中有效对照自身。

2. 落实高校档案管理制度建设培训

档案管理工作人员的素质和观念是影响档案管理制度建设和发展的一个重要因素，所以对高校档案管理工作人员进行必要的培训是必不可少的项目与内容。针对当前的档案管理制度建设开展培训工作，主要针对的人群是档案管理工作人员，对其进行培训，能够提升高校档案管理的效率，降低高校档案管理的难度，实现高校档案管理水平的有效提升。

为适应新时期岗位工作的需要，必须拓宽知识面，学习相关领域的知识，开阔视野，增长技能，以提高工作能力。在加强档案人员的思想政治教育和职业道德教育的同时，档案人员应做到"业务精通，爱档如珍，维护历史，兢兢业业，服务现实"；应选配工作责任心、事业心强的工作人员充实到高校档案工作岗位上；增加智力投资，定期开展培训，加强档案人员自身业务建设。一方面，学习档案专业知识理论；另一方面，学习现代化管理知识和先进技术设备的操作技能，使高校的档案工作跟上办公自动化步伐，更好地为教学、科研和其他工作服务。

3. 拓宽档案管理制度建设渠道

档案管理制度产生于高校的发展过程，高校档案反映了教学管理的发展轨迹，是重要的教育资源和领导决策依据，做好档案管理是确保高校实现长期稳定发展与建设的基础。在对高校档案进行收集和归纳时，需要结合高校形象及高校的建设方向对其进行分析与探索，且需要关注资料的收集渠道和收集方法。

当前，我国的档案管理制度在新时代发展背景下得到了有效的建设，且在未来的发展模式中，也具备强大的生命力。这是我国现代化教育发展的一个缩影，同时也是推动我国教育教学体系整体发展与建设的有效途径。工作人员需要通过深层次开发资源的方法为高校档案管理制度建设提供相应的服务，通过对档案的整理，将之进行专题材料的归纳，提升档案的完整性与作用性。这一方法的应用能够有效拓宽未来高校档案管理制度建设的渠道，且可以为高校的档案收集提供更多的途径与办法。

第二章　高校档案管理
具体内容

　　若想对高等教育机构的档案管理有更为深入的理解，必须对其具体内容进行系统性的掌握。本章为高校档案管理具体内容，主要围绕高校档案的收集与整理、高校档案的保管与防护、高校档案的检索与利用三个方面展开论述。

第一节　高校档案的收集与整理

一、高校档案收集的意义和要求

（一）高校档案收集工作的意义

　　高等教育机构的档案记录着其发展历程，是评估档案业务建设水平和管理质量的重要标准。在档案建设的过程中，收集档案是一项至关重要的工作。

　　1. 高校档案建设的重要环节之一

　　高等教育机构的档案资料是建立在全面、完整、系统、丰富的信息资源基础上的，这些信息资源来自校内各部门和教职工的各种实践活动中。在高校的教学、科研、管理等多个领域中形成的文件材料，在未经过归档处理之前，无法被归类为档案材料。只有在对所有属于归档范畴的文件和材料进行收集、鉴别、整理编目、科学归档、编研开发等一系列工作之后，方可将其转化为档案。其他档案工作的顺利进行，离不开收集环节的坚实支撑。档案建设的质量和水平受到档案收集材料数量和质量的直接影响，因此档案工作的其他环节是否能够正常运转也是至关重要的。

2. 维护高校档案完整安全的有效手段

高校档案管理要严格按照"档案工作实行统一领导，分级管理的原则，定期向本单位档案管理部门及工作人员移交并且集中进行管理，任何个人不得将其擅自据为己有"的规定，并且要坚持高校档案"对历史负责、为现实服务、替未来着想"的原则。高等教育机构的档案管理部门有责任定期进行面向基层档案机构或管理人员的移交工作，以确保具有保存价值的档案得到妥善保存，并加强集中管理职能，从而保障高校档案管理的质量。

3. 影响高校档案部门的自身发展

确保其他档案后续工作的质量和效率及满足校内外对档案信息资源需求的基础，在于对收集的档案材料进行高质量的筛选和管理。档案馆的馆藏数量和质量及开发利用工作的有效开展，直接取决于所收集的文件材料是否完备、完整、准确、系统化，这也将直接影响到档案馆在全校师生心目中的形象和地位。如果我们能够积极主动地完成档案收集工作，那么就能够赢得校内各部门对档案部门的尊重，并获得他们对档案工作的支持、理解和配合。更重要的是，我们可以获得学校对档案工作的高度重视，从经费投入、设施设备、人员培训等方面给予更多的关注和支持，这对于提高档案建设质量和档案部门的自身发展至关重要。

（二）高校档案收集工作的要求

1. 加强档案馆外的调查和指导工作

为了确保高校档案馆收集部门能够高效地完成档案收集工作，必须全面了解入馆档案的形成、流动、管理和使用情况，并对相关单位或部门的档案转移工作进行科学合理的规划和引导。组织档案部门务必重视调查研究，掌握高校文件的形成规则和特点，提出接收档案的数量和质量要求。各级和各类档案管理部门应以本单位的性质和职责为起点，对有关国家机构、社团组织及个人的职能、地位、任务和档案的类型、内容、保存价值、数量安排和储存等方面着手进行研究，并确定要转移的文件的时间、范围和数量。在对档案进行接收之前，高校档案管理部门应当制订相应的规章和方法，对有关二级单位和部门的档案工作进行监督、指导和控制，帮助他们进一步建立和完善档案工作。同时，要把从文件形成到归档。从归档到档案馆的档案流程中的各种关系要处理好，不仅要防止急于丰富馆藏资源、过早接收仍在使用的档案文件的情况，还要防止该档案文件被当作某个部门或个人的私有财产不愿交出，使档案被分散保存太长时间。

2. 积极推行入馆档案的标准化

确保入馆档案质量的主要工作环节，乃是对档案进行全面收集。所以，确保档案收集的品质符合标准化要求，是实现档案标准化的关键所在。档案馆应当遵循国家、地方和专业机构所制订的相关标准，对入馆档案进行严格的检查。在进行档案采集工作之前，档案馆应当加强业务检查和监督工作，以确保所收集的档案符合标准要求，从而减少产生不符合要求的档案。关于征收工作标准化的实施，各相关方应按照国家档案局制订的《机关档案工作业务建设规范》等条例的规定进行办理。中央档案馆和地方档案馆都对档案的划分、分类、质量、格式及编目提出了具体而明确的要求，档案馆标准化的实施将对提高入馆档案质量起到很大的促进作用。

3. 保证入馆档案的完整、齐全

要想确保高校入馆档案的完整、齐全，就必须严格按照归档制度来执行。高校档案管理部门应当及时、系统地收集各部门形成的属于归档范围的文件和资料，并及时分发到档案室，反对形成部门或者个人分散存放。

4. 维护档案的相对完整性

接收档案时，部门的文件应集中保存在部门的档案室中。高校的档案不应该被分散保管，不同单位的档案也不能混在一起保存。在高校档案收集工作中，对于在同一时间、同一地点和相同社会历史条件下保存，并由一些严格分工和相互依赖的单位形成的档案，高校档案馆应注意保持它们之间的相互关系，将它们统一存放在一起，以保持档案的有机联系和历史完整性。

二、高校档案收集的范围和内容

（一）高校档案收集的范围

通常情况下，所有直接记录和反映学校主要职能活动并具有调查和使用价值的文件和资料都应当包含在档案收集的范围内。根据国家档案局和教育部的相关规定，高等教育机构应归档的文件和资料包括四个方面。

1. 上级的文件和资料

上级的文件和资料主要包括上级党政机关会议的主要文件和材料；由上级党政机关颁发的需要学校具体实施的文件及普发的非学校主管业务，但也需要具体实施的法规性文件；上级党政机关批转或转发学校的文件；代上级党政机关起草和通过的文件的最终稿和印刷版；其他具有一定保存价值的录像和录音等资料。

2. 本学校的文件和资料

本学校的文件和资料主要包括学校党委和行政代表召开的大会、工作会议，专业会议，党政联席会议的记录材料和各种视听资料；学校党委和行政部门颁发的各种官方文件的签发稿件、印刷稿件及重要文件的修订稿件；学校党委或行政部门的请示文件和上级党政机关的批准文件，学校各单位的指示和学校的批准文件；学校党委和行政管理及其内部职能部门形成的工作计划、报告、总结、统计分析材料、统计报告、财会文件、审计文件及反映学校经营活动和科技管理的专业文件和资料；学校检查各下属单位的工作及调查研究形成的重要文件和资料；学校的党政领导公务活动形成的重要信件、电报和电话记录及从外部单位带回的与学校工作有关的文件和材料；学校的各种规章制度及反映建立、合并、撤销、更改名称、启用印信及学校组织规则和人员编制等文件；学校的历史、年鉴、纪念品、荣誉证书及反映学校重要活动的报纸、剪报和视听材料，有纪念性和凭证性的实物以及展览照片、音频和视频材料；学校不动产、债权、物资、档案、捐赠、签订的合同和协议等方面的凭证，各种证明文件的存根及相关文件和账册等资料；学校党委或行政干部的任用、解雇、审批、培训，专业技术职务评定和任用、干部录用、转正、评级、工资调整、退休、养老等审批表及党政干部名册等。

3. 同级机关和非隶属单位的文件和资料

同级机关和非隶属单位的文件和资料主要包括不属于学校业务范围但需要实施的同级机关和非隶属单位发布的规范性文件或者与学校有关的重要文件；相关业务单位对学校的工作进行检查形成的重要文件。

4. 下属单位的文件和资料

下属单位的文件和资料主要包括下属单位提交的重要工作计划、典型材料、报告、总结、财务预（决）算、统计报告、科学和技术文件及法律法规备案的文件资料。

（二）高校档案收集的内容

高校档案收集是按照《中华人民共和国档案法》（以下简称《档案法》）等的规定，通过例行接收制度和特殊收集方式，把分散在学校的各个职能部门、院系和社团及个人手里或者散落在社会其他组织或个人手里的高校教学、科研及党政管理等活动中直接形成的、具有保存价值的各种载体形式的档案集中起来，以便实现对学校档案的集中统一管理。具体而言，高校档案收集主要包括以下三个方面。

1. 文件的归档交接

高校文件资料的归档和转移，是指学校各部门根据归档制度的要求，将归属学校存档范围的、散落保存的文件和资料收集整理到学校档案中，并存档到学校档案馆。也就是说，学校档案馆应结合学校的实际工作，定期或不定期地收集经学校各部门系统整理立卷的属于应该归档的文件和资料。文件的归档和转移是丰富大学档案馆馆藏的主要来源和基本手段，是馆藏档案的主要来源。

2. 退出机构档案的接收

一些高校在兼并、重组、机构调整等过程中，就会出现已经撤销和退出机构的档案材料。为了防止退出机构的档案被分散、破坏或丢失，退出机构必须及时组织、收集和整理所有档案材料并移交至高校档案馆。高校档案馆为了充分、完整地再现高校的历史面貌，有必要做好接收退出机构的档案的工作。如果退出机构的档案材料无法及时收集和移交，可能会导致大量档案无法正常保存，甚至损坏或丢失，档案的价值也将无法有效利用。在交接退出机构档案的过程中，档案交接双方应仔细检查移交的目录和接收的档案是否符合高校文件归档制度的要求，并仔细填写档案移交列表。档案移交列表是档案交接双方交接的凭证，主要包括交接双方的名称、交接时间、档案的数量、档案形成时间和存储的时间段。此表格应一式两份，双方各执一份。

3. 历史档案的征集

历史档案征集工作，既是高校档案馆（室）丰富馆藏资源的重要途径，也是当前高校档案馆（室）档案收集工作的一项重要内容。历史档案绝大部分距今已年深日久，流散在社会的各个角落，有的可能至今还埋藏在地下或放置在夹壁之中，也有的散落在各种各样的人手中。由于保管条件不善，这些历史档案每时每刻都可能遭受着自然的和人为的损坏，尤其是有不少保存和熟知历史档案情况的人年事已高，如不及早收集，则会使一些珍贵的档案受到难以弥补的损失。为此，历史档案的征集就成为高校档案馆（室）档案收集工作的一项重要内容。根据国家档案局 2006 年 12 月 18 日颁布的 8 号令提出的"以人为本"理念和注重保存反映本单位职能活动和历史面貌的文件精神，高校档案馆（室）应当采取各种有效措施，对分散在个人、社会组织或机构单位中的与本校（院）教学、科研、管理等活动有关的各种史料进行广泛征集，包括学校在发展过程中的各种历史照片及社会知名人士、专家等从事与学校有关公务活动的、具有历史研究价值的各种载体形式的档案材料等，以满足学校和社会各个方面对档案利用的需要。

由于历史档案征集工作是一项政策性与技术性都很强的工作，同时，它又存在一定的偶然性和不确定性。因此，对于各种历史档案史料的征集，高校应当制定专门的制度和办法。高校历史档案征集的专门制度和办法，主要包括档案征集的报批手续、政策、形式、归档管理等方面的内容。具体包括：

（1）档案征集报批管理规定

《中华人民共和国档案法》第十六条规定："对于保管条件恶劣或者其他原因被认为可能导致档案严重损毁和不安全的，国家档案行政管理部门有权采取代为保管等确保档案完整和安全的措施；必要时，可以收购或者征购。""档案所有者可以向国家档案馆寄存或者出卖；向国家档案馆以外的任何单位或者个人出卖的，应当按照有关规定由县级以上人民政府档案行政管理部门批准。严禁倒卖牟利，严禁卖给或者赠送给外国人。"[1]高校档案馆（室）在进行档案征集工作过程中，应当按照档案征集法规，根据自身的管理权限，制订档案征集报批管理办法，包括档案征集范围、档案征集申请审批流程、档案征集负责人、需要准备的文件资料等内容。

（2）历史档案评估鉴定与收购定价规定

根据《档案法》等有关规定的精神，对流散在社会上其他组织机构及校内外人士手中对教学、科研、基建、生产、管理等活动具有保存利用价值的档案材料，高校可以采取接受捐赠、寄存或购买的方式进行征集。若以购买的方式进行征集，高校档案就应该会同相关部门，制定征购档案鉴定标准，成立档案鉴定工作小组或鉴定工作委员会，对征购的档案经过鉴定、评估后予以定价，以完成征集工作。

（3）档案征集工作归档管理规定

对于个人在其非职务活动中形成的重要档案材料，高校档案机构可以通过征集、代管等形式进行管理[2]。高校档案馆（室）应当根据上述规定，结合高校实际情况制订本校（院）档案征集工作规定。在实际操作过程中，宜首先采用代管的形式进行管理，如果档案所有者不同意以代管形式进行管理，则应考虑采用其他方式对其进行征集，以确保档案材料的完整与安全。

（4）捐赠奖励办法

高校档案馆（室）应当结合学校具体实际情况，制订切实可行的档案捐赠奖励办法，保证捐赠者有优先利用档案的权利，维护其合法权益，并视情况予以奖励，以调动个人、社会组织或机关单位档案捐赠的积极性，推动档案捐赠行为，进一步丰富和优化高校档案馆（室）馆藏资源。

---

[1] 吴良勤；付琼芝. 信息工作与档案管理：第 2 版 [M]. 武汉：华中科技大学出版社，2017.

[2] 柯友良. 高等学校档案管理基础 [M]. 广州：广东高等教育出版社，2014.

三、高校档案整理的原则和意义

（一）档案整理工作的原则

档案整理工作一般遵循以下三个原则。

1. 保持文件之间的历史联系

在确立档案实体秩序的过程中，必须充分尊重和维护档案的固有属性，以确保档案文件之间的内在联系得以维持，使这种联系体现于实体秩序状态之中。档案的本质特性是原始记录性，这种特性是在档案形成时就已形成的，并非事后人们附加上去的。只有保证了这些特性，档案的凭证和参考价值才会得到保证和实现。档案的原始记录性是由档案来源、时间、内容和形式等多个因素相互关联而成的。因此，确保档案文件具有独特的特性和价值，就应该保持这些联系。档案在来源、时间、内容和形式上的联系，一般又称为"历史联系"或"内在联系"或"有机联系"，在档案文件的生成和处理过程中，它们之间形成了一种内在的联系，这种联系是不可避免的。档案的产生、处理及作用价值的实现，在很大程度上取决于档案的历史联系，因为它能够真实地反映、再现档案产生、处理并发挥作用、价值的过程、状态和规律，具有至关重要的作用。

（1）档案在来源上的联系

档案的来源联系涵盖了档案文件在形成机构及其内部组织机构上的相互关联，这种联系具有双重意义。

其一，从档案整理步骤上看，档案整理必须首先将同属一个独立单位的档案集中起来，不得分散；不同单位形成的档案，要按来源严格区分清楚，不得彼此混淆，这就是"区分全宗"。档案文件在来源上的联系是首要联系，只有在保持这一联系的前提下，只有将文件的时间、内容和形式相互关联，才能更全面地呈现工作活动的面貌。如果舍去这一联系，而去追求其他方面的联系，那将是不科学的。

其二，从全宗内档案分类的过程看，档案文件的来源联系体现了本机构内部各组织机构之间的紧密联系，即来自不同组织机构的文件所形成的档案之间的联系，反映了本机构所有的工作活动。确保文件与组织机构保持紧密联系，以充分反映机关内部工作活动的实际情况，便于档案的分类、排列，使档案整理工作能够比较顺利地进行。

（2）档案在时间上的联系

所有活动都有一定的过程和阶段性，不同时间的活动，所形成的文件先后有序；同一阶段的活动，所形成的文件具有自然的时间联系。在档案整理工作中，应将在时间上具有联系的文件集中在一起，以便于将来利用者从时间的角度去查找到所需的档案。

档案在时间上的联系，要求按照档案文件的形成时期、阶段、年度、月份和日期来对档案进行分类、排列。一般情况下，采用年度进行档案分类、排列的比较多一些。

（3）档案在内容上的联系

通常情况下，档案文件所包含的问题或事务被归类为内容。对于同一问题的解决和同一事务所形成的档案文件的处理，它们之间的紧密联系是不可分割的。在档案整理中，应该保持这些同一问题或事务间的联系，在具体对档案进行分类、排列时，将具有共同特征的档案文件集中在一起，不得将其分散或在其间又插入一些其他文件。

（4）档案在形式上的联系

形式一般是指档案文件存在与表达形态方式等因素，如文种、载体材料及记录方式等。不同形式的文件往往具有不同的作用功能，能够承担不同的任务，并反映一些特定的工作关系。例如，请示与批复、会计档案中的凭证、账簿与报告等，就既能体现不同的功能作用，又能反映一定的工作关系与程序。在档案整理工作中，应该将形式上相同的档案文件集中在一起，以利于将来查找利用。

保持文件之间的内在联系，必须把文件放在当时形成的历史背景下去考虑，分析它们之间原有的联系。为了达到最佳的档案整理状态，需要在保持文件来源联系的前提下，巧妙地将各种联系紧密结合起来，以找出文件之间最为紧密的联系。

保持文件之间的历史联系是有一定条件的，当它与档案保管和利用的实际效果不一致时，应该根据档案保管和利用的要求作出相应调整。因为保持文件的历史联系仅是一种手段，而不是目的，不能为联系而联系，而应该从实际效果出发，最大限度地保持文件之间的历史联系。因此，保持文件的历史联系是相对的，而不是绝对的。

2. 充分尊重和利用原有基础

所谓利用原有基础，在整理档案文件时，应当以前人整理的工作基础和档案文件形成时的自然基础为依据，而非轻易、随意地瓦解原有体系以进行档案整理。

对需要进一步条理化的档案，如果前面整理的质量不高，那么需要进行调整或重新整理。这时，不要轻易地全盘否定前面的工作，而是应该充分利用原有工作基础，进行适当的调整或补充，使之达到"有目可查，有规可循"。充分尊重和利用原有基础的原则在整理工作实践中的应用，主要体现为三种情况：第一，在保持原有秩序状态不变的前提下，确保整理结果的可用性；第二，若原有的整理成果存在某些局部的不合理和不适用之处，我们可以在现有的基础框架内进行局部的调整和优化；第三，若原有的基础缺乏系统性和规范性，难以有效地进行管理，可以考虑对其进行重新梳理和优化。在重新整理的过程中，应当尽可能地保留或利用原有基础中的可利用之处，以确保其完整性和实用性，尤其要注意的是那些保管期限已满的或快满的档案就不必重新整理了。

3. 便于保管和利用

档案整理工作的初衷和目标在于确保其易于妥善保管和有效利用，

同时也是衡量整理质量的重要标准。总的来说，必须恰当地维护文件之间的历史纽带，以确保其完整性和准确性，也就便于档案的保管和利用，这两者基本上是一致的，但也有矛盾之处。例如，同一时间、同一内容的文件，需要按不同价值分别装盒与排列，这就既便于按不同价值管理档案，又能充分发挥重要价值档案的作用，但当同一时间、同一内容的文件数量不多时，就可以采用将部分文件的保管期限提高，而不一定非要按不同价值分别组合不可，这样做同样也是为了便于档案的保管和利用。因此，如果保持文件之间的某种联系后，不便于档案的保管和利用，应以适应档案保管和利用的需要为标准去进行档案的整理。在保管与利用之间发生矛盾时，应首先保证满足档案的利用。

保持文件之间的历史联系是档案整理工作的基本要求，充分利用原有基础是在具体整理档案时应遵循的基本原则，便于档案的保管和利用是档案整理完毕之后检验该工作成功与否的标准。这三点就构成了档案整理工作的原则与要求，使档案整理工作成为一个独立的档案工作环节。

（二）档案整理工作的意义

档案整理是高校档案管理基础工作中的主要环节，对于高校档案管理工作的其他各个环节都具有直接的影响。因此，档案整理工作的重要意义主要表现在以下几个方面。

1. 档案整理是高校档案信息化建设的基础

高校的档案整理，基本上包括两个方面：一方面是对纸质档案实体进行系统的分类、划分保管期限、组卷、排列、编号、编目等工作，这就为通过手工录入、直接扫描、缩微胶片转换等手段实现案卷级或文件级目录的数字化和档案全文数字化打下了基础；另一方面是将收集积累的电子文件进行分类、排序、组合直至建立数据库，这也为建立目录数据库、全文数据库以及文档数据库创造了前提条件。未经整理的档案，每份文件没有固定的位置与编号，没有系统的目录，要想建立学校统一的文档数据库、实现案卷级或文件级目录数字化和档案全文数字化是完全不可能的。

2. 档案整理是档案提供利用的前提

无论学校教职工还是广大学生利用档案，都要求及时准确地调出档案文件，而未经系统整理与编目的档案，查找起来好比大海捞针一样困难。档案经过系统整理、编目、排列、上架，需要利用什么档案，档案管理人员就能得心应手地及时提供档案。所以说，档案整理是档案提供利用的前提。

3. 有利于档案的保管、检索和编研

经过系统化整理，档案的鉴定、保管、统计、检索和编研等环节得以顺畅展开，从而为后续工作提供了便利。在档案整理过程中，按文件的不同保存价值进行组合，这就为档案的鉴定工作打下了良好的基础，而且还去掉了文件上的金属物，也为档案的保管提供了有利的条件。档案经过分类、组合、排列、编号、编目等系统的整理，就有了统一的基本单位和系统的卷数、件数，不仅便于档案统计工作的顺利进行，而且在编制档案参考资料时，可以通过目录系统检索和利用档案材料。

第二节　高校档案的保管与防护

一、高校档案保管的任务与要求

（一）档案保管工作的任务

1. 建立和维护档案的存放秩序

为了确保档案的有序入库、移出和存放，档案室（馆）需要根据档案的来源、载体等特点，建立一套档案入库存放的规则和管理办法，以确保档案在存放位置和被调阅移动时始终处于受控状态，并随时掌握档案实体的状况。

2. 保持和维护档案实体良好的理化状态

档案实体的存在和运动受到多种环境因素的影响，包括但不限于温湿度、光线、有害气体、灰尘、生物和微生物等。这些因素会对档案的载体、字迹材料等产生负面影响，从而不利于档案的长期保存。因此，在进行档案保管工作时，必须深入了解和掌握那些不利于档案长期保存的各种环境因素和规律，并采取切实有效的措施，以最大限度地消除和降低它们对档案的破坏，从而使档案实体保持良好的物理和化学状态，从而延长档案的使用寿命。

（二）档案保管工作的要求

1. 重视日常管理工作

为了保持档案库房管理的稳定、有序，我们应注重建立健全管理规则和制度，加强日常管理。在库房管理中要做到：及时将归档和接收的案卷归档于库房之中；案卷调阅完毕后，应及时进行复位操作；对案卷进行定期的清点和检查，以便及时发现问题并采取相应的措施。只要持之以恒地坚持严格的日常管理，就能保证库房内档案的良好状态。

2. 预防为主，防治结合

在档案保管工作中，保护档案实体安全的方法概括起来主要有两类：一是如何预防档案实体损坏的方法；二是当环境不适宜档案保管要求时或当档案实体受到损坏后如何处置的方法。在归档或接收的档案中，实体处于"健康"状态的档案占绝大多数。因此，在档案保管工作中，积极"预防"档案受到各种不良因素的破坏是治本的方法。我们应该采取各种措施，确保这些档案的长期安全。同时，还应该通过加强日常管理和检查，及时发现档案实体出现的"病变"情况，以便于迅速地采取各种治理措施，阻断或消除破坏档案的有害因素，修复被损害的档案，使其"恢复健康"。预防为主，防治结合，才能全面保证档案实体的安全。

3. 重点与一般兼顾

由于档案的价值不同，保管期限长短不一，所以，在管理过程中，我们应该掌握"突出重点、兼顾一般"的原则。对于单位的核心档案、重要立档单位的档案、需要长久保存的档案，应该加以重点保护，尽量延长档案的寿命。同时，对于一般性、短期保存的档案也要提供符合要求的保管条件，确保其在保管期限内的安全和便于利用。

二、高校档案保管的技术与方法

为确保高校档案得到妥善保管，必须提供相应的物质保障。档案库房、档案装具及档案所需的包装材料是构成基本物质条件的三大组成部分。

（一）档案库房

高校档案的保存离不开档案库房这一重要的物质基础，它是高校档案保管的最基本要素。档案保管工作的核心在于库房管理，只有通过精细的库房管理，才能确保档案的安全，为高校档案工作的顺利开展提供必要的保障。

1. 档案库房的建设

高等教育机构的档案馆是永久保存档案的重要场所，因此，其库房建筑必须遵循住房和城乡建设部与国家档案局颁发的《档案馆建筑设计规范》，并遵循"实用、经济、美观"的原则，以确保建筑设计满足功能、安全和卫生等方面的基本要求。

高校档案馆在建设时，应注意：

（1）避免暴露于易燃、易爆的环境中，远离那些可能产生腐蚀性气体、污染严重的企业单位，同时避免架空高压输电线的穿越，尽可能避免靠近街道和公共场所的位置。

（2）在安排楼层时，应尽量避免"顶天立地"，避免过度依赖底层和最高层的结构。由于受到阳光辐射的影响，最高层的夏季气温显著升高，同时还存在着屋顶渗漏的潜在威胁；在档案管理中，最底层所面临的挑战不仅在于安全问题的复杂性，还在于湿度的长期较高，这对于档案的妥善保管构成了一定的阻碍。为了避免在办公楼的西侧和南侧出现高温和阳光直射的情况，建议避免将其设置在此区域。

（3）建筑所在地要交通方便，且城市公用设施完备，便于为利用者服务。高校档案馆在设计上要使档案库房集中布局，自成一区；库房区内不应设置其他用房，库区内地面应高于库区外地面，以防溢水流入库内；屋顶的保护结构必须符合严格的保温、隔热和防水标准；门窗要保温隔热，密封装置。

高校档案库房必须与档案人员的办公室和生活间分设，并对门窗予以加固，增强密闭性能；电源要能单独控制，使其尽量达到防盗、防火、防水、防光、防尘、防有害气体的要求。

2. 档案库房的设置

高等院校内通常设有档案室库房，对于新建的办公用房，档案室必须根据相关专业要求，在设计和建造过程中设置专门的档案室。对于已竣工的办公用房，应当进行必要的筛选，加强防潮、防高温、防水措施，增加防盗、防火、防光的设置，特别关注档案室库房的地面承载能力，以确保其安全可靠。

3. 档案库房的类型

高等教育机构的档案馆库房，根据其所保管的资料内容，通常将其归为三类：综合档案库房、专门档案库房及图书资料库房。

（1）综合档案库房

档案库房的核心部分即为综合档案库房，其主要用途在于保存新中国成立前后各机关单位及知名人物所形成的珍贵档案。在档案馆的馆藏档案数量较为丰富的情况下，可以采用分库管理的方式，如设立新中国成立前的革命历史档案库及新中国成立后的党政机关档案库等。

（2）专门档案库房

为了满足专门档案的特点和管理上的特殊要求，专门设立了专门档案库，其中包括照片、影片、缩微胶片档案库及录音、录像磁带档案库，这些档案库是根据专门档案的制成材料特点而设立的。此外，还设立了一系列档案库，包括科技档案库、地图档案库、会计档案库等。专门档案库的内容和形式在专门和综合两个方面都有明确的区分，并且具有相对的独立性。特别是对于制成材料特殊的档案库（如胶片和磁带等），其管理要求非常特殊，无法与一般的档案库相媲美。

（3）图书资料库房

所谓"图书资料库"，是指专门用于存储与档案相关的图书和资料的库房。根据档案馆（室）的财务状况，可对图书资料的保管条件进行个性化定制。对于那些财力有限的档案馆（室），我们可以适当降低图书资料库的保管条件，以提高其保存效率。通常情况下，图书资料库房位于建筑物的顶层或底层，而档案库房则位于另一种楼房形式。

4. 档案库房的编号

为了实现对库房的统一管理，必须对每个库房进行统一的编号，以确保信息的一致性。对于库房的编号，有两种方法可供选择：一种是将所有的库房按照一定的顺序进行编排；另一种需根据库房的方位和特征，对其进行编号，如"西二楼""北二楼""南二楼"等，以确保编号的准确性。

每一间房间在同一库房内都必须被赋予独特的编号。楼房的编层号应按照自下而上的顺序进行，每一层内的编号应从入口开始，并从左向右排列，以确保房间编号的准确性。

（二）档案装具

高校档案馆（室）所需的基本物质条件之一，即存放档案的橱、柜和架等设备，被称为档案装具。

1. 档案装具的种类

常见的档案装具包含档案柜、档案密集架以及档案资料架等，是广泛应用于档案管理的各种装置；专用档案装具包括一个防磁橱、一个底图柜、一个会计档案橱及一个照片档案橱等。高等教育机构的档案馆（室）应当根据自身的实际情况，精选不同的档案装备，以达到最佳的保存效果。

2. 档案装具的排放与编号

档案装具的排放，应遵循以下要求。

（1）在同一储藏室内，橱柜应当排列整齐。

（2）为了确保窗户通风良好，必须将厨具与窗户垂直排列，避免阳光直射，以保持窗户的通风效果。

（3）通常情况下，档案橱具不能紧贴着库房的墙壁进行排列。

（4）为了方便档案的搬运和存取，档案橱具的排列距离应当恰到好处，以确保其合适的排布。

通常情况下，档案装具的编号是以库房为单位，按照流水编号编排的。按照顺序编定，从门口开始，从左至右（回行时从右至左），从上至下依次排列序号，以示顺序。

（三）档案包装材料

目前，我国所采用的包装材料包括卷皮、卷盒和包装纸三种，这些材料必须符合国家相关规定，以确保档案能够得到永久、长期的保存。

1. 卷皮

卷皮，作为档案包装的基础材料，扮演着不可或缺的角色。该装置不仅能够有效地保护档案文件，减少其机械磨损，同时还能够作为案卷的封面，为其提供全方位的保护。根据国家档案局《文书档案案卷格式》的规定，文书档案的卷皮可分为两种：一种是经过硬化处理的卷皮，另一种则是柔软的卷皮。推荐使用 250 克牛皮纸制作硬卷皮，其封面和封底尺寸应符合长宽分别为 300 毫米×220 毫米或 280 毫米×210 毫米的规格。此外，封面和封底的三边（上、下、翻口处）应配备 70 毫米宽的折叠纸舌，卷脊可根据需要分为 10 毫米、15 毫米和 20 毫米三种厚度。卷皮的成卷装订需要使用宽度为 20 毫米的装订纸舌，这些纸舌应该分别位于上下两侧。为了保存软卷皮装订的案卷，需要使用一个盒子，其中软卷皮分为两种规格：一种是 297 毫米×210 毫米（适用于 A4 型纸），另一种是 260 毫米×185 毫米（适用于 16 开型纸）。

2. 卷盒

采用卷盒作为档案保管工具，是一种优秀的选择，因为它具有防光、防尘、减少磨损、方便使用等优点，同时还能呈现出整洁美观的外观。然而，其占据的空间相当可观，且其制作成本颇为昂贵。卷盒的尺寸为长宽各为 300 毫米和 220 毫米，其高度可根据需要灵活设置 20 毫米、40 毫米或 50 毫米的规格。在盒盖翻口的中央位置，应当设置一条绳索，以确保盒盖能够牢固地扣紧卷盒。该卷盒的封面选用了优质的白面材料，而卷脊项目则涵盖了全宗名称、目录号、年度以及起止卷号等关键信息。

3. 包装纸

对于那些不常被使用或既不适于装订又不便于盒装的实物档案、资料等，可以采用坚固的纸张进行包装，待其条件成熟后，再采取适当的措施进行妥善保存。需要特别强调的是，这只是一项应急措施，旨在确保特殊档案的保存。

非纸质材料的光盘、软盘的保护层是决定寿命的关键。为保持光盘的耐久性，应注意环境对保护层的影响与腐蚀，光盘使用后应随时放入片盒中。

三、高校档案的安全与防护

高校档案库房内部所处的环境并非孤立存在，而是受到外部环境的不断影响和塑造。为确保档案实体的安全，我们必须根据本单位档案库房的具体情况，采取恰当的措施，将库房环境控制在适宜档案实体安全的范围内，以最大程度地避免外界不良因素对档案实体的侵害，从而保证档案实体的良好理化状态。高等教育机构的档案库房需要采取一系列的安全措施和防护措施，以确保其安全和可靠性。

（一）人员的进出库制度

档案库房是保存档案的重要场所，必须对进出库房的人员、进出方式、时间和要求等进行必要的限制，并制订专门的规定。

一般而言，进入档案库房的权限仅限于档案工作人员，而非档案工作人员则原则上被禁止进入。若需进入库房进行维修或设备维护等工作，档案工作人员的陪同是不可或缺的。

为确保档案工作人员在进出库房时符合相关规定，一般情况下，非工作时间内不得擅自进入库房；在库房内，任何与库房管理工作无关的活动均被禁止；禁止携带任何形式的饮品或食品进入仓库；在仓库内，禁止任何人进行吸烟、饮水或进食行为；当库房内无人居住时，必须执行关闭灯光、关闭窗户、锁上房门等操作。

（二）库房温湿度的控制

档案的"自然寿命"受到档案库房内温湿度的直接影响，因此，为了确保纸质档案的保存，库房的温度应保持在 14～20 ℃，而相对湿度则应保持在 50%～65%。为了确保库房温湿度的精准掌握，必须在其内部配置高精度、可靠的温湿度测量设备，并实时记录和测量库房温湿度的具体参数状态。针对不同的仓库环境，可采用以下两种方法来控制和调节温湿度。

1. 库房密闭

通过对档案库房进行严格的封闭，可以有效地隔绝库房内外温湿度的相互交流，同时在库房内安装空调或恒温、恒湿设备，可以实现对库房内温湿度的人为控制，使其保持在适宜的范围内。然而，这一方法的成本相对较高，并非所有档案室（馆）都具备相应的能力。

2. 机械或自然的调控

有些难以做到密闭库房又无力承担配置空调或恒温、恒湿设备费用的档案室（馆），可以采用如下一些机械的或自然的措施对库房的温湿度进行人工调控。

（1）在档案库房的门窗上加密封条，可减少库房内外温湿度的相互交流，并有防尘作用。

（2）运用机械设备进行温度调节，包括但不限于增温、增湿、降温和降湿，以调整不适宜的温湿度。为了达到预期的效果，必须对库房门窗进行关闭操作。

（3）当外部温湿度适宜而内部温湿度较高时，我们可以利用内外温湿度的差异，采用开启门窗或排风扇、换气扇等自然通风方式，利用外部自然温湿度来调节库房内的温湿度。为了采用这种方法，必须精准地掌握库房内外温湿度的差异以及通风的时机、时间、过程的长短和强度等关键因素。

（4）为了调节库房的温湿度，我们可以采用一些更加便捷的人工手段。例如：在仓库的地面上进行洒水操作，并将水盆、湿草垫、湿纱布和麻绳等物品悬挂起来，以达到适当的增湿效果；将木炭、生石灰、氯化钙、硅胶等物质置于库房或档案装具内，以达到适当的湿度降低效果。然而，这些方法的成效仅限于特定的局部区域。

上述这些方法虽然达不到库房密闭时的效果，但如果措施运用得当，也可以在一定程度上控制库房的温湿度。

（三）库房的"八防"措施

为确保档案实体的安全，档案保管中的"八防"措施，包括但不限于防火、防水、防潮、防霉、防虫、防光、防尘和防盗。

1. 防火

在进行档案库房装具、照明灯具及其他电器的选择时，我们必须确保它们的材料和性能符合安全标准；各种器材的安装必须遵循规范，以确保设备的可靠性。为确保档案库房的消防安全，必须配备数量充足、性能卓越的消防设备；在条件允许的情况下，应当安装具备防火（烟雾）功能的警报器以及自动灭火系统。

2. 防水

在设置档案库房时，应避免将其放置于地势较低的区域；禁止在库房及其周边地区提供任何水源；选址库房时，应避免选址于容易发生洪水的区域，而应选择位于有助于防洪的地段。

3. 防潮

防潮和库房温湿度的控制，尤其是湿度的调节紧密相连，二者相辅相成。为了防止库房受潮，我们采用了密闭隔热技术，并安装了通风、降湿、空气调节设备，同时还采取了通风、换气、除湿和降湿等措施。

4. 防霉

预防或抑制档案库房内以霉菌为主的微生物的生长、发育和繁殖及它们对档案实体的破坏，是防止霉菌滋生的主要措施。微生物在环境中的数量受到多种因素的影响，包括但不限于人类和动物的密度、植物的种类和数量、建筑材料的选择、温湿度、日照和气流等。有多种方法可以防止库房受到霉菌的侵害。

（1）对库房、装具、设备和档案进行及时的灰尘清理，并定期清理其中的垃圾，同时清除待销毁的档案，以确保库房的清洁卫生。

（2）为了净化入库空气，我们对主要的进出口和通风口等空气通道进行了过滤处理。

（3）对库房的温湿度进行严格的监控和管理。

（4）为了抑制有害微生物的生长或蔓延，我们需要在档案实体和装具上施加一种低度、无色、高效、性能稳定的防霉药品。对档案进行定期审查，以确保其质量和可靠性。

5. 防虫

预防档案害虫的关键在于营造并维护一种既不利于害虫繁殖，又不会对档案造成任何损害的生态环境。具体的措施包括：

（1）在进行档案库房的选址和建造时，务必注意避免与粮仓、货仓、食堂等其他场所产生任何接触；地基采用钢筋水泥或石质结构；加强门窗的封闭性；地板、墙面、屋顶等处不能有缝隙。

（2）搞好库房内外的清洁卫生；做好档案入库前的检疫工作，防止将档案害虫带入库房；一旦发现疫情，应立刻进行熏蒸消毒处理；定期对档案进行检查。

（3）在档案库房及各种档案装具内放置驱虫药物。

6. 防光

光线对档案实体有破坏作用，特别是紫外线，其破坏作用更大。因此，档案库房要注意防止和减少光线对档案的危害，重点是防紫外线。具体措施有：

（1）为了确保档案库房的完全封闭，应当尽可能消除任何可能的窗户；尽可能缩小窗户的尺寸，这是必要的措施之一。对于有窗建筑的库房而言，采用遮阳板、滤光玻璃或窗帘等措施，可有效降低光线的透过量，减少紫外线对其的危害。

（2）在档案库房内，建议使用人工光源，其所含紫外线较少，可有效降低环境污染。在库内使用人工光源时，建议选择白炽灯作为首选光源，而不是日光灯。档案在保管期间，除了整理、检查、提供利用，应尽量做到避光保存。

（3）尽量减少档案使用过程中受光照射的时间和光辐射的强度。在档案受潮、水浸、霉变、生虫的情况下，不要将档案放在阳光下直接暴晒，只能置于通风处晾干。

7. 防尘

档案的完整性受到灰尘污染的威胁，这是一种潜在的威胁因素。为了防止灰尘的积累，需要采取一系列有效的措施。

（1）在选址库房时，应尽量避免选择工业区或人口密集的区域，以确保选址的合理性和安全性；提升库房的密闭性，以增强其密闭性能；库房建筑要选择坚硬、光滑、易于清洗的材料作为墙面、地面，防止库房内表面起尘；采用空气净化装置，过滤和净化空气等。

（2）档案入库之前要进行除尘处理；日常管理工作中要注重档案库房、装具和档案本身的除尘。

8. 防盗

为确保档案库房的安全，必须确保门窗坚固耐用，同时在进出库房时必须随时锁门，并安装高效的防盗报警装置。

（四）定期检查、清点工作

档案库房管理中，实施定期检查和清点是一项制度化的措施，以确保档案的完整性和准确性。对档案实体进行定期检查时，需要特别关注其理化状态，以确保是否存在霉变、虫蛀等迹象，库房中是否存在危害档案的隐患，调出和归还档案的手续是否严格执行，档案实体存放秩序是否出现错乱及是否存在长期使用未归还的案卷等。为了确保档案实体的安全和严整有序，我们需要及时纠正档案库房管理中的漏洞。特别是在档案馆（室）进行搬迁或提供大规模利用后，进行清点工作变得尤为必要。

通常情况下，档案馆（室）会定期进行检查，周期包括月度、季度和节假日，以确保其正常运转；比起定期检查的周期，定期清点的时间间隔可以更长一些。在档案发生巨变的情况下，务必及时进行清点以确保数据的准确性和完整性。

（五）高校档案应急抢救措施

档案应急抢救措施是高校为了保证档案在突发人为或自然灾害事故时获得及时救护，最大限度避免损失而编制的预案及所做的准备工作。尽管现在许多高校已经具备了现代化的档案管理条件，但是仍然需要在强化安全意识和管理措施的前提下，做好应急准备，确保各类档案特别是重要档案的安全防护工作。根据国家档案局等单位发布的《档案工作突发事件应急处置管理办法》，针对突发事件的应急处置工作，必须遵循"统一领导、分级负责、及时反应、果断决策、合作互助"的原则，建立严格的突发事件防范和应急处置责任制，制订相应的工作预案，切实履行各自的职责，以确保突发事件应急处置工作有序开展。高等教育机构的档案资料在紧急情况下需要采取一系列应急措施，其中包括但不限于以下措施。

1. 编制档案应急抢救预案

高校应针对可能发生的灾害，如水灾、火险、塌方、盗窃等编制突发事件应急处置预案，为了确保高校永久保存档案的完整性和安全性，必须对其进行紧急抢救分级，以应对可能出现的紧急情况。《档案工作突发事件应急处置管理办法》所提出的预案，涵盖了多个主要方面的内容。

（1）制定并实施应对危机的预案，需要考虑到相关情况和背景因素。

（2）制定应急处置工作的目标、要求和具体措施，以确保在紧急情况下能够有效地应对突发事件。

（3）确立应急指挥机构及其人员组成，规划应急处置工作队伍的规模、职责分工、联络方式、职能范围及调用计划。

（4）就协调机构、咨询机构及能够提供援助的机构、人员及其联络方式而言，我们需要进行深入的探讨和研究。

（5）请提供抢救档案的顺序和具体位置，库房中常用和备用的钥匙及重要的检索工具的位置和管理人员。

（6）请提供档案库房所在建筑的供水和供电开关及档案库区和关键区域的位置信息。

（7）提供与当地党委和政府、相关主管机关及上级档案行政管理部门的联络方式。

（8）在进行突发事件和救灾时，需要特别留意其他相关的预防措施。

2. 落实档案应急抢救预案的各项要求

为应对突发灾害性事件，各单位应在组织、人员、设备、环境等多个方面提供全面保障，确保预案中的各项措施得以落实，从而有效地遏制灾害蔓延，保障档案安全。为了确保预案的可行性和有效性，必须采用多种手段，包括但不限于宣传、培训、模拟演习等，以提高相关人员的安全防范意识，使其掌握应对紧急情况的有效方法。

首先，单位应制定档案应急抢救预案，针对可能发生的水灾、火灾、塌方、盗窃等灾害，设计相应的防范和抢救措施，并对档案进行抢救分级。

其次，为确保档案应急抢救预案的有效实施，单位应在组织架构、人员配置、设备配置、环境保护等多个方面提供全面的保障措施；为了确保预案的可行性和有效性，必须进行模拟演习，以使相关人员掌握应对紧急情况的技能。

第三节　高校档案的检索与利用

一、高校档案检索的途径和效率

（一）高校档案检索的途径

档案检索的途径是指可以作为档案检索系统入口进行检索的角度，检索途径在档案检索工具中是以检索标识的形式表现出来的。档案检索的途径可分为形式检索途径和内容检索途径两大类。

1. 形式检索途径

形式检索途径是以档案的形式特征作为检索入口的检索途径，具体可细分为责任者途径、文件编号途径、人名途径、地名途径和机构名途径。

（1）责任者途径

责任者即档案的形成者，包括机关和个人等。同一责任者形成的档案，在内容上反映某一特定职能活动，具有一定阶段性，在内容和时间上互有联系。责任者途径在已知档案的责任者和大致形成时间的情况下是比较方便的检索途径，而且通过这一途径可以检索到同一责任者形成的全部档案材料。

（2）文件编号途径

文件编号（如文书档案中的发文字号等）是一份特定文件固有的并具有唯一性的特征信息。在已知一份文件编号的情况下，采用文件编号途径检索档案是最为简便的。

（3）人名途径

这是从档案中涉及的人物入手检索档案信息的一种检索途径，人名途径对于检索有关某一特定人物的档案材料比较方便和有效。

（4）地名途径

这是从档案中所涉及的地名入手检索档案信息的一种检索途径，地名途径对于检索有关某一特定地区的档案材料比较方便。

（5）机构名途径

这是从档案中所涉及的机构入手检索档案信息的一种检索途径，机构名途径对于检索有关某一特定机构的档案材料比较方便。

提供形式检索途径的档案检索工具有责任者目录、文号索引、人名索引、地名索引、机构名索引等。

2. 内容检索途径

内容检索途径是用直接表达档案主题内容的档案特征信息作为检索入口的检索途径，具体可细分为分类途径、主题途径和专题途径。

（1）分类途径

分类途径即将档案分类号作为查找入口检索档案信息的一种检索途径。从分类途径入手，可以系统、全面地查到相关档案材料，是档案检索中最重要的途径。

（2）主题途径

主题即档案所阐述的中心问题，主题途径是指从档案主题词或关键词入手检索档案信息的一种检索途径。从主题途径入手，可以直接查找到涉及某一问题、某一对象和某一事物的档案材料，主题途径也是档案检索中的一种重要途径。

（3）专题途径

专题途径即从某一专题入手检索档案信息的一种检索途径。

档案检索工提供多种内容检索途径，包括但不限于分类目录、主题目录、专题目录、案卷目录、案卷文件目录以及全宗文件目录等多种类型。

以上两类检索途径都是十分有价值的。前一类途径可以通过已知的档案形式特征获得明确的检索结果，后一类途径则可根据使用需要，从主题内容出发对档案进行检索。比较而言，前一种途径的特点是可以迅速、准确地检索到特定档案，但前提是必须预先掌握档案确切的形式特征，否则就无法进行，而且也很难在此基础上扩大检索相关档案。后一种途径不必事先了解档案相应的形式特征，不仅可以根据使用需要直接检索特定主题内容的档案，而且可以通过档案检索系统中主题内容之间的联系，扩大或缩小检索范围，进行相关档案的检索，但在检索确定的对象时，不如前一种方法直接和准确。因此，形式检索途径和内容检索途径应该是互补的。

（二）高校档案检索的效率

档案检索效率是衡量档案检索系统性能的最基本指标之一，是其在满足利用者全面性和准确性方面的效率。对于每一个检索过程而言，其所涉及的步骤都是必不可少的，理想的检索结果当然是无遗漏、无误差地检索出利用者所需档案，但由于各方面的因素，实际上很少能达到这样的结果。检索效率通常采用查全率和查准率两项指标来衡量。

1. 查全率和查准率

查全率是指对利用者需求的全面性评估，包括相关档案与所有相关档案的比例。对应的是未被发现的相关档案与所有相关档案的比例，即漏检率。查全率和漏检率是两个相互对应的度量标准，它们的数学公式为：

$$查全率=\frac{检出的相关档案}{全部相关档案}\times100\%$$

$$漏检率=\frac{未检出的相关档案}{全部相关档案}\times100\%$$

例如，当一位使用者要求查找与廉政建设相关的档案时，档案馆所保存的 80 份专题档案中，有 64 份被检索出，但有 16 份被漏检，因此查全率是 64/80×100%＝80%；漏检率为 16/80×100%＝20%。查全率越高，说明检索出的相关档案越多，漏检率越低。查全率表明档案检索系统避免相关档案漏检的能力，是评价档案检索系统效率的一个重要参数。保持较高的查全率是档案检索系统的一个基本目标。

查准率是指在满足使用者需求的前提下，所检出的相关档案与全部档案所占的比例，以确保信息的准确性。对应于此的是误检率，即不相关的档案被检出的比例以及检出的所有档案所占的比例。查准率和误检率是两个相互对应的度量指标，它们的数学公式是这样的：

$$查准率=\frac{检出的相关档案}{检出的全部档案}\times100\%$$

$$误检率=\frac{检出的不相关档案}{检出的全部档案}\times100\%$$

查准率是一项能够排除与检索提问无关的档案的能力。提高档案检索系统的实际使用效果，可通过提高查准率，使利用者在分离无关档案时节省时间，从而发挥重要作用。因此，为了提高档案检索系统的效率和准确性，通常会采用多种措施进行优化和改进，保持使用的查准率。将查全率与查准率结合使用，就可以比较客观地显示档案检索系统的检索效率。

任何一次检索结果都可以如图 2-3-1 所示。

图 2-3-1 中整个大方框是纳入档案检索系统的全部信息集合（$a+b+c+d$）；虚线圆是关于某一主题的相关档案（$a+c$）；虚线圆以外是不相关的档案（$b+d$）；实线圆是在检索这一主题过程中检出的档案（$a+b$）。

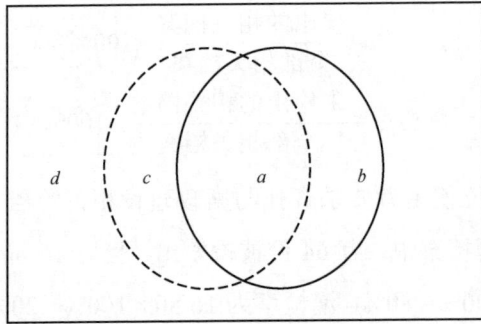

图 2-3-1　一般性检索结果

此图显示的是一次检索过程。按照图中的描绘，该检索过程检出了大部分的相关档案（a），排除了存贮于信息集合中大多数的不相关档案（d），也遗漏了一些相关档案（c），检出了一些无关档案（b）。如果从档案检索系统和利用者两个方面对如图 2-3-1 所示检索结果加以分析，便可如图 2-3-2 所示，来描述出各个因素之间的相互关系。

	利用相关性判断		
	相关	不相关	总计
已检出	a	b	$a+b$
未检出	c	d	$c+d$
总计	$a+c$	$b+d$	$a+b+c+d$

（系统相关性测报）

图 2-3-2　检查结果图

由图 2-3-2 所知：

$$\frac{a}{a+c}\times100\% = 查全率$$

$$\frac{c}{a+c}\times100\% = 漏检率$$

$$\frac{a}{a+b}\times100\% = 查准率$$

$$\frac{b}{a+b}\times100\% = 误检率$$

图 2-3-2 从档案机构和利用者两个方面描述了检索情况,通常被称为检索结果 2×2 表。从档案机构方面来看,在检索时其档案信息集合总是被分为两个部分:已检出档案($a+b$)和未检出档案($c+d$)。从利用者方面来看,已检出的档案,可分为两种情况:相关档案(a)和不相关档案(b);未检出的档案也分为两种情况:利用者需要但遗漏的档案(c)和利用者不需要也未检出的档案(d)。从图 2-3-2 中可以看出,理想的检索效果应该是只检出利用者需要的全部档案,即 $a+c=a$。在这种情况下,$b=0$,即不相关的档案未被检出;$c=0$,即没有遗漏的相关档案,此时的查全率和查准率都达到 100%。

a 值(检出的相关档案)对于查全率的高低具有决定性影响,因为相关档案的总数($a+c$)是固定的,a 值越大,c 值必然越小,查全率就越高。

2. 查全率和查准率的关系

当档案检索系统的查全率较高时,必然会发现一些与内容关联程度较低的档案,这将对其查准率产生影响;相反,为了提高查准率,需要对与检索提问相关程度较低的档案进行筛选,以确保不会对查全率产生影响。

如图 2-3-3 所示,图表示的检索结果是以四种不同方式检索得到的。从图中可以看出,如果进行范围宽泛的检索时(点 A),查全率很高,可

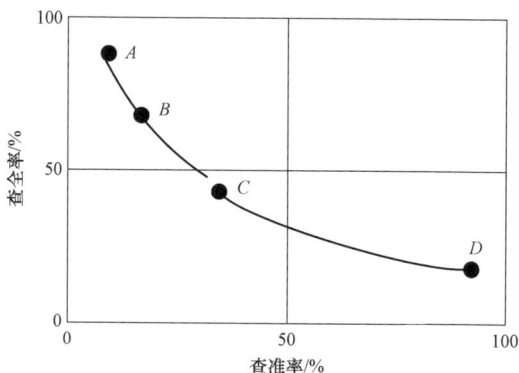

图 2-3-3 检索结果经验曲线

以达到90%左右，而这时查准率则很低；相反，当检索范围小，很有针对性时（点 D），则查准率较高，查全率较低，点 B 和点 C 的查全率和查准率都比较平均，这条曲线称为经验曲线。

这条经验曲线实际上是一条平均曲线，也就说它是根据若干次检索结果的平均情况绘制而成的，因此不能以此理解为每一个检索过程均如此。在实际工作中，经常会遇到这种情况，有时查全率和查准率都可能达到100%，而有时查全率和查准率都可能是0，检出一大堆材料，均属无关文献。如果把每次检索的结果具体标出来，就形成了如图 2-3-4 所示的散点图。在图 2-3-4 中，每个"●"代表一次检索结果，实际上每次检索结果的查全率和查准率不一定都是互逆的。有时检索效率很好，查全率和查准率均很高（右上角）；有时查全率和查准率又都很低（左下角）；某些结果是查全率高，查准率低；某些结果是查全率低，而查准率高。通过对这些数据进行平均处理，我们得到了一个经验曲线，该曲线揭示了查全率和查准率之间的相互反向关系，从而提高了检索效率。

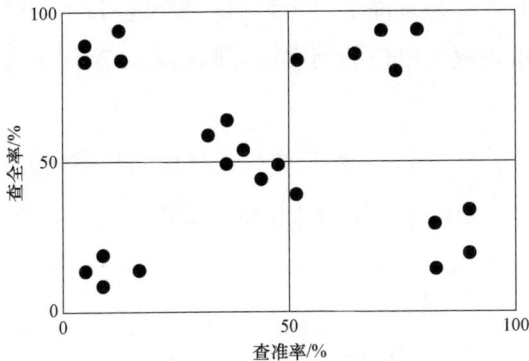

图 2-3-4　检索结果散点图

3. 影响档案检索效率的因素

影响档案检索效率的因素有很多，主要包括以下几个方面。

（1）档案检索系统的信息存贮率

档案馆（室）只有将所有档案编制成档案检索工具，并将其存储到档案检索系统中，才能有效提升档案的查全率和查准率。考虑到人力、物力等多方面因素的限制，无法对所藏档案进行全面的档案检索，而且任何一种档案检索工具的信息存储容量都是有限的，无法将所有档案信息转移到一种特定的档案检索工具上。为了提高档案检索工具的信息存储效率，必须从整个档案检索系统的角度出发，进行全面考虑。为了实现多样化的检索途径和配套齐全的档案检索工具，档案馆（室）应当根据实际情况编制各种实用的工具。

（2）档案检索语言的性能

档案检索包括档案信息存贮和档案信息检索两个方面，这两个方面都离不开档案检索语言。档案检索语言是档案检索系统的语言保障，采用性能好的档案检索语言，可以使档案检索系统具有较理想的检索效率。

（3）档案检索途径的数量

随着档案存入档案检索系统，该系统向利用者提供的检索途径增多，其被检索到的概率也随之提高，这是理论上的必然趋势。若某一档案在档案检索系统中仅有一条路径可供使用，那么只有通过这条路径，方可获得该档案。对于单一的档案检索工具而言，其检索途径的数量取决于档案标引的深度，而对于整个档案检索系统而言，除了标引深度外，还取决于档案检索工具的类型以及数据库内部数据结构的复杂性。

（4）档案著录与标引的质量

著录和标引是对档案特征进行深入分析、精选、记录，并赋予其独特的检索标识的过程，而检索标识则是组织档案检索工具、进行档案检索的重要依据，因此著录和标引的质量对于提高检索效率具有至关重要的作用。

（5）检索策略的优劣

若论档案存储的品质，档案著录和标引的成果不可或缺，而在查找过程中，检索策略则扮演着至关重要的角色。检索途径选择的是否正确、检索标识之间的逻辑关系表达得是否科学、能否针对需求的变化和检索的误差灵活地调整检索表达式，是实现需求信息与系统内信息集合中相关信息成功匹配的关键，每一个不同的检索策略都会导致不同的检索结果。

（6）检索人员的素质

无论是手工档案检索系统还是计算机档案检索系统，都需要检索人员积极参与和掌控检索过程，以确保信息的准确性和可靠性。除了档案检索语言外，其他因素均与检索人员的素质密切相关。因此，检索人员的专业素养直接影响着检索效率。

二、高校档案检索的技术与方法

（一）档案著录

在档案馆（室）编制档案检索工具时，档案著录是一项对档案内容和形式特征进行深入分析、精选和记录的复杂过程。完成著录任务后，我们成功地编制出了一份详尽的档案条目。编制档案目录的基础在于对条目的精细分类和归纳，档案目录是由一系列条目按照特定的顺序进行编排和组合而成的。

编制检索工具（目录或索引）时，通常需要进行档案的著录和档案目录的组织两个步骤：首先，根据一定的规则，记录每份文件或案卷的内容和形式特征，然后将多个著录项目组合成一个条目；在进行档案检索时，需要对多个条目进行有机组织，以形成一个高效的工具体系。

在著录过程中出现的错误和混乱，可能会对检索工具的效率造成负面影响，甚至可能导致档案失去其实际价值。

著录规则是记录档案资料的一种规范方式。为了确保全国档案著录工作的规范化，我国国家标准《档案著录规则》提供了著录项目、标志符号、著录格式、著录详简级次、著录来源以及著录方法等关键要素。

1. 著录项目

在档案的著录过程中，要以一定的记录事项对一份文件或案卷的内容和形式特征进行记录，这些记录事项就是著录项目。它是构成档案条目以及档案目录的最基本数据单元。

不同的目录所涵盖的著录项目各异，按照《档案著录规则》的规定，通常需要记录以下几个项目。

（1）题名与责任者项

题名和责任者的分类包括正题名、并列题名、副题名和说明题名的文字、文件编号、载体类型标志、第一责任者及其他责任者，共计七个子项。

文件或案卷的题目或名称，即为其题名。该名称直接呈现了档案内容的独特特征和核心主题，与其他档案有所区别。我们所指的文件的创作者和形成者，即为责任者。对于档案内容的创造和责任承担，其主体为个人或团体。

题名可分为正题名、并列题名及副题名等多种类型。档案的主要题名被称为正题名，通常指的是文件的标题，在著录时只需按照原文进行著录。在外交文件和少数民族文件中，第二种语言文字题名与正题名并列对照，形成了一种被称为并列题名的表达方式。副题名，又称解释题名，是对正题名的诠释或从属题名，其前加上"："以示明确"："。如"第五次党委会议文件：关于党委换届改选"。在题名前后，对档案的内容、范围、用途等进行详细的阐述和说明，以便读者更好地理解和理解。如"第×届全国人民代表大会常务委员会第×次会议讨论通过"。在遇到单份文件缺乏标题的情况下，建议根据文件内容构思标题，并在其中添加"[]"以明确说明。在遇到案卷或文件题名无法揭示其内容的情况下，应在记录原题名后重新构思适宜的题名，并添加"[]"字，以附在原题名之后。在案卷题名过于冗长的情况下，通常需要进行重新构思，以便在著录之前能够更加准确地表达相关信息。

在文件制发的过程中，文件编号是由制发机关、团体或个人按照一定的顺序编写的，其中包括发文字号、图号等。发文字号一般由机关代字、年度、顺序号组成。著录文件字号要完整，不能任意省略或只著录顺序号，以免产生误解，给查找文件与引用造成困难。

档案载体的类型可以被纳入载体类型标志的著录范畴。通常情况下，纸质档案载体并未被纳入著录范围，然而，对于一些特殊类型的载体，如照片、录音、磁带等，则需要进行著录标志的处理。

创造文件内容并承担责任的机构或个人，被称为责任者。当文件中存在多位责任人时，第一责任者即为其中排名第一的。当存在两位主要责任者无法明确主次时，应将其视为同等重要的第一责任者，并将其并列为第一；在著录时，应使用";"作为分隔符。除第一责任者外，其他责任者指的是在著录时最多记录两个的人员，其间以";"为界分隔开来。

档案的责任者分为机关、团体责任者和个人责任者。在记录机关团体责任者的资料时，应当使用全称或通用的简称，以确保资料的完整性和准确性。通常情况下，在个人责任者的著录过程中，仅记录其姓名，而在必要的情况下，则会将其职务记载于姓名之后。有时，个人责任者使用的是笔名、别名或外文名字，著录时，除照原文著录外，还应将其真实姓名著录出来。有些档案文件没有署出责任者，应对这些文件进行考证，确定其责任者后著录，如果考证不出，著录时则以三个"□"代替。

（2）稿本与文种项

稿本是文件、文稿、文本的名称，文件稿本有正本、副本、草稿、修改稿、定稿、手稿、草图、原图、底图、蓝图等。不同的稿本，都有其不同的价值或效力，著录时，应注明档案文件的稿本类型，如".—副本"。文种，即文件名称，如通知、批复等。

（3）密级和保管期限项

原始文件的保密等级和保管期限被定义为密级和保管期限，只需按照原文进行著录即可完成。在记录密级时，一般会按照文件形成时所规定的密级进行著录。对于已经升、降、解密的密级，我们会著录新的密级，并在其前加上".—"符号。一般情况下，我们会根据案卷组成时所规定的保管期限来著录。对于已经更改的，我们会著录新的保管期限，并在其前加上一个"："符号以示区别。

（4）时间项

根据时间项视著录对象的不同，我们可以将其划分为文件形成时间和案卷内文件起止时间两个级别。在一份文档中，仅有一个特定的生成时间，需要按照原文进行著录，如果有几个时间，则需要进行选择。一般情况下，公私文书和信札的发文时间、决定和命令的通过或发布时间、条约和合同的签署时间以及报表的编制时间等，都是需要考虑的重要因素。

著录文件的时间，应以 8 位阿拉伯数字表示，前 4 位为年，5、6 位为月，7、8 位为日。月、日为个位数，前面要补 0。如"2018 年 7 月 18 日"著录为"20180718"。对于那些未注明形成时间或时间不明确的文件，我们需要根据其内容、形式、载体特征以及参考其他材料进行考证，以确定其形成时间，并添加"[ ]"符号。

案卷内文件起止时间，著录卷内文件最先和最后形成时间，一般根据案卷封面上标明的起止时间著录，并用"—"连接，如"20180204—20180306"。

（5）载体形态项

载体的形态项涵盖了数量、单位、规格以及附件三个方面的内容，这些方面共同构成了载体的形态。在著录时，使用阿拉伯数字及档案载体的物质形态的统计单位，如"卷""册""盒""袋""页"等，以获取数量和单位信息。

规格指档案载体的尺寸及型号等，著录时其前加"："，如".—5 盘：16 毫米"。附件，是指独立于正文的附加材料。附件的著录应区分不同情况，附件与正文连在一起作为一份文件者，一般著录的附件题名于载体的形态项末尾，其前冠"＋"符号。附件作为一份文件，能够独立使用，并具有自己的题名，可另行著录成一个条目，并在附注项中说明。

（6）丛编项

丛编项指的是一系列文件，它们在一个总题名下以同一类型、统一编号发布，形成一个有机的整体。对于一般的著录丛编题名，我们需要将其置于"（）"之中，并在"（）"之前添加".—"符号以示区别。

丛编项多适用于著录丛刊、丛书的书稿档案及某些会议文件，如".—（全国农业厅局长会议材料之二）"。

（7）附注项

为了记录各个项目中需要解释和补充说明的事项，我们在附注项中按照项目的先后顺序进行了注释。在著录过程中，应当遵循"有则录之，无则免之"的原则，必须说明的就著录，不需要说明的可整项省略。有时需要说明的事项较多，但卡片上的空间有限，所以文字应力求简明扼要。

（8）标准编号和有关记载事项

这一项通常被用于记录科技文件和图样的国内、国际标准编号，然而在实际的著录过程中，我们很少见到这样的记录。

（9）提要项

提要项是对文件或案卷内容的概览和评价，旨在揭示档案的内涵和价值，应力求准确反映主题，评述中肯，文字简练。

（10）排检和编号项

目录排检和档案馆（室）业务注记项均包含了排检和编号项。该项目由六个子项组成，包括分类号、档案馆（室）代号、档号、电子文档号、缩微号以及主题词。

档案信息类目的符号被归类为分类号，并根据相关的代码标准进行著录。档案馆（室）被赋予了一种独特的编号，以表示其存在的意义和价值。一般情况下，文件编号包括全宗号、案卷目录号（类别号）、案卷号、页（张）号或件号，这些编号之间以"—"为单位连接，如"5—3—15—18"。档案馆（室）所管理的电子文件，以符号代码的形式呈现。档案缩微品的编号，即为其对应的缩微编号。档号和缩微号都有自己特定的含义。依据《中国档案主题词表》所载，各主题词之间留有一格，以规范的方式揭示档案内容。

2. 标志符号

在著录项目之前，我们需要使用标志符号来区分不同的著录项目和著录含义，以确保文章的准确性和可读性。著录项目的标志符和著录内容的标志符是档案著录标志符号的两种不同类型。

（1）著录项目标志符

在各个著录项目之前，使用特定的符号来标识所代表的项目，这就是著录项目标志符。以下列举几种主要类型。

". —"置于各大项（题名与责任者项、排检与编号项、提要项除外）之前。

"＝"置于并列题名之前。

"："置于下列各著录单元之前：副题名及说明题名文字、文件编号、文种、保管期限、数量及单位、规格。

"/"置于第一责任者之前。

"；"用于多个文件编号之间，多个责任者之间。

"，"用于相同职责、身份省略的责任者之间。

"＋"置于每一个附件之前。

（2）著录内容标志符

著录项目的解释、考证等含义的补充符号，即著录内容标志符，用以标识相关内容。以下列举几种主要类型。

"（）"责任者所属机构名称、责任者真实姓名、责任者职务、中国责任者时代、外国责任者国别及姓名原文、丛编项。

"[ ]"自拟著录内容及考证出的责任者、时间、载体类型的标志。

"？"用于不能确定的著录内容，一般与"[ ]"符号配合使用。

"□"用于每一个残缺文字和未考证出时间的每一个数字。未考证出的责任者及难以计数的残缺文字用三个"□"符号表示。

"·"外文缩写。

"—"日期起止连接和档号、电子文档号、缩微号各层之间使用。

3. 著录格式

著录格式是对条目内各项著录内容进行组织、排列和表达的一种规范方式，不同类型的检索工具所采用的著录格式各有不同。根据《档案著录规则》的规定，针对不同的著录对象，应当采用段落符号式的著录格式，该格式可分为文件级和案卷级两种。

文件级和案卷级条目的著录格式，可以根据其所采用的载体形式分为卡片式和书本式。在进行卡片著录时，所选用的卡片尺寸为12.5厘米×7.5厘米，周围均留有1厘米的未被填写的空白。在进行著录时，应根据著录项目的先后顺序进行著录，若正面著录未能完成，则可通过接背面的方式继续著录，同时保持原有的顺序和格式。在书本式的条目著录格式中，除了在正题名前加上顺序号外，其余条目均与卡片式条目相同，唯一的不同在于其后面留有一个额外的空间。

4. 著录详简级次

在进行著录时，需要对档案著录项目进行筛选，以确定最佳的著录详简级次，以确保最终的著录效果。《档案著录规则》所列举的项目，源自总体要求，并非每个文件或案卷都必须全面著录所有项目，有些项目需要著录，这些项目被称为必要项目；有些项目可以根据实际情况进行选择，可以是著录的，也可以是不著录的，这些项目被称为选择项目。

必要的项目包括：正题名、第一责任者、时间、分类号、档号、缩微号、主题词。在选择项目时，需要考虑并列题名、副题名及说明题名文字、文件编号、载体类型标志、其他责任者、文本、密级、保管期限、载体形态、丛编、附注、提要、电子文档号及档案馆（室）代号。

档案著录的级别可分为详细和简要两个级别，以确保档案的完整性和准确性。在条目的著录过程中，详细级次指的是除了必要的项目外，还对选择项目进行了部分或全部的著录。在条目中，简要级次是指仅包含必要的项目，而不包括其他内容。在选择档案著录详简级次时，各机关档案室应当根据具体情况进行自主决策，以达到最佳的著录效果。

5. 著录来源

档案著录来源是指被著录档案的本身。文件的著录来源主要是文头、文尾，主题词的标引应查阅正文。案卷的著录来源主要是案卷封面、卷内文件目录、备考表，主题词的标引应查阅卷内文件。如被著录档案本身材料不足时，可参考其他材料。

（二）档案标引

档案标引是一项对文件或案卷内容进行主题分析的过程，通过将自然语言转化为规范化的检索语言，为内容分析结果赋予检索标志，从而实现信息的规范化检索。对于文件或案卷，进行分类标引的过程被称为分类编号的赋予；对文件或案卷进行主题词标记的过程，被称为主题标引。

在档案著录中，档案标引扮演着至关重要的角色，它是不可或缺的核心内容。只有运用标引技术，才能将档案的内容特征转化为可供检索的标志，从而构建出多种不同的检索工具。

档案标引的步骤主要包括主题分析和概念转换两个方面。无论是主题标引还是分类标引，都离不开这两个步骤。两种标引在主题分析方面方法基本相同，只是标引方法和对主题的确认程度不同而已。在概念转换方面，两者区别较大。

1. 档案分类标引

（1）档案分类标引的方法

档案分类标引，是指给每份文件或每一个案卷一个分类号，作为排列条目、组织档案分类目录和索引的依据。分类标引的方法是：

首先，熟悉分类表，了解分类表的编制目的、使用范围、分类原则、体系和结构，这是正确进行分类标引的首要步骤。

其次，准确地掌握需要分类标引的文件或案卷的内容，细致地进行主题分析。主题分析是通过对档案的内容特征进行分析，准确提炼和选定主题概念的过程。正确的主题分析是保证档案标引质量的重要因素。

最后，根据其内容归入最恰当的类。通过分析题名和浏览正文后确定主题，查阅分类表，找到确切相符的类目，标出分类号，最后审校。在标引之后，应进行审核，以保证档案标引的质量。

（2）主题分析与概念转换的基本步骤和做法

主题分析和概念转换是关键步骤，应予以高度重视，主题分析的基本步骤：

第一，通过对档案进行审核，我们可以深入了解并判断其中所反映的核心内容及其他相关主题因素，通常可以通过对文件或案卷进行题名获取。当档案缺乏标题或标题无法全面、准确地反映档案主题时，应浏览全文，特别关注文章开头、结尾和段落标题，必要时阅读批注、摘要、简介、目次、图表和备考表等内容。

第二，通过对档案进行仔细审阅，明确其主题类型和主题结构，以确保档案或案卷的完整性和准确性。档案的主题类型可被划分为单一主题和多个主题，以满足不同读者的需求。单一主题指的是一份（卷）档案中仅包含一个问题的表述。多主题是指一件（卷）档案表达两个以上的问题。主题结构是指构成主题的因素。主题因素有五种，分别是：主体因素（即反映文件主题内容的关键性概念）、通用因素（即对主体因素起补充和说明作用的次要因素）、位置因素（即文件所论述事物、对象和问题所处的空间、地理位置的主题因素）、时间因素（即文件所论述的对象所处的时间范围内的主题因素）、文件类型因素（即文件的类型和形式方面的主题因素）。

概念转换是指在确定了主题类型和主题结构的基础上，选定主题词或分类号的过程，也就是将主题概念转换成检索语言给出检索标志的过程。

分类标引概念转换的基本做法是：根据主题分析的结果，将被标引文件赋予一个恰当的分类编号。为了确保分类标引的专指性，必须根据文件或案卷的具体内容，提供最适宜的分类编号，既不能赋予上位类号，也不能赋予下位类号；只有在缺乏适当的分类号的情况下，方可授予上位类号或与档案内容最为紧密相关的类号，如有必要，还可增设新的类目；对于那些牵涉多个主题的文件或案卷，我们可以使用一个或多个分类号进行标引，但必须严格控制使用，一般情况下，标引数量不得超过三个。在对被标引文件进行分类号授予时，必须严格遵守前后一致性原则，以确保其准确性和一致性。因为某些档案内容具有相似的属性，所以会出现一些相同的条目，这些条目应该被归为一个类目，并赋予相同的分类号，从一开始到结束都保持一致。

（3）分类标引应遵循的基本规则

标引规则是在标引工作中运用标引语言的语法规范。制订标引规则的目的在于保证不同的标引人员遵守共同的方法进行标引，以保证标引工作的质量。为确保档案分类标引的品质，《中国档案分类法》编辑委员会制订了《档案分类标引规则》，该规则适用于档案分类目录、索引的编制以及建立档案目录中心和数据库的档案分类标引工作，其中还包括基本规则的内容。

对于档案分类标引必须以档案内容及其他特征为基础，进行深入的主题分析，确定所涉及的主题和用途，而不能简单地依据题名来赋予分类号。

为了确保分类标引的准确性，必须遵循档案检索专用的分类表及其使用规则，明确类目的确切含义，同时不能脱离类目之间的联系和类目注释的限定孤立地理解类目的含义。

为了确保分类标引的专业性，必须根据文件或案卷内容，提供最恰当的分类编号。为了最大限度地发挥档案的作用，必须为分类标引提供必要的前提条件。为此，应根据档案的具体内容和成分，在检索工作中提供必要数量的检索途径，确定适当的标引深度。

保持分类标引的一致性是必要的，以确保其有效性和准确性。对于同一主题的档案，无论是文本类型还是载体类型，其所标注的分类号都必须保持一致。在记录那些难以归类且因分类表无相应主题类目而赋予相近类号的情况时，必须进行详尽的记录，以供审核时进行研究和参考。

2. 档案主题标引

档案主题标引，是通过对文件或案卷内容的主题进行深入分析，从主题词表中精选出相应的主题词，以此作为其内容主题的标识，并将其存储于检索工具中，作为检索的可靠依据。

（1）步骤

首先，审读文件，确定主题。在此基础上，确定主题类型与结构。

其次，对主题进行概念分析，选定主题词。在确定主题类型和结构后，从词表中选定相应的主题词标志文件或案卷主题。在选择主题词时，必须对主题分析的全面性和概念分解的准确性进行深入研究，同时充分考虑利用者的检索需求，从主题词表中精选出专指性强且能够准确表达主题概念的主题词。

再次，呈现主题的标识。确定所选用的主题词，并明确它们之间的相互关系，以便将这些主题词记录在相应的条目中。

最后，经过审查和核实。对于文件或案卷的主题分析需要进行审查以确保其准确性，确定的主题概念是否恰当，所选主题词是否准确地表达了主题，著录是否存在错误及是否符合标引的组配规则。在主题标引工作中，审校环节是一项不可或缺的任务，需要由精通相关业务的专业人员来承担。

（2）基本规则

档案主题标引应以档案论述的客观事物和研究对象为依据，客观地反映档案主题，不应掺杂标引人员的臆测和褒贬。

① 在标引档案中，所使用的主题词必须符合正式主题词的标准，而非正式主题词则一般不能被视为标引词。在进行词汇选择时，首要考虑的是选择最具专业性的主题词，不得使用其上位词或下位词作为标引。在缺乏特定主题词的情况下，应当优先选择与主题最直接相关的几个主题词进行组合，以达到更好的标注效果。

② 在组配标引无法达到要求的情况下，可以考虑采用最接近的上位词或下位词进行靠词标引，以确保标引的准确性和可靠性。在进行标引时，应根据词族索引选择最直接的上位概念主题词，避免使用越级上位主题词。一种可行的方式是运用近义词进行主题词的标引，以范畴索引为依据，选择与主题概念意义最为相似的主题词进行标引。

③ 当上位主题词标引不合适时，可采用关键词进行标引。关键词标引又称为增词标引。关键词是主题词表以外的，未经规范化处理的自然语言。使用关键词一般要按照规定的手续作为后补主题词登录后方可使用，以后按照使用频率高低转入正式主题词。

④ 标引应以文件为单位进行，每份文件的标引深度，应根据文件主题的详略和重要程度而定，一般可标 3～8 个主题词，最少标引 1 个，最多不宜超过 10 个。手工检索系统应该控制词量，防止过度标引，以免造成系统负担过重，增大误检率。

（3）主题词组配标引规则

在文件或案卷的标引过程中，为了表达主题，需要合理地组合两个或多个主题词。这种组合方式被称为主题词组配。组配是主题法的一种高度灵活的表达方式，它能够以最少的主题词，通过巧妙的组合方式，将复杂的档案主题表达得淋漓尽致。

常用的组配方法有概念限定组配、概念相交组配。前者使概念更专指，表达方式为：起修饰限定的概念放在后面，被限定的概念放在前面，中间用"—"连接，如"污染—环境"。后者用以表示概念之间的交叉关系，方法是在两词之间加上"："，如"钢铁企业：联合企业"，表达钢铁联合企业的概念。

三、高校档案的合理利用

高校档案馆（室）根据学校招生、教学、科研、管理工作和社会组织或个人的需要，提供所藏档案为其利用者服务，以充分发挥档案的作用，实现档案信息资源共享，称为高校档案的开发利用。

（一）档案开发利用的特点

高校档案开发利用主要有以下四个特点。

1. 开发利用的目的性与效益性

高校档案的开发利用，首先是以满足学校招生、教学、科研和管理工作的需要，为学校开展各项工作创造条件，进而提高工作效率；其次是满足社会组织或个人利用档案的需要，借以提高社会效益，同时兼顾经济效益。

2. 开发利用与档案积累的同步性

开发利用必须以丰富的馆藏为基础，只有充分开发利用现有档案信息资源，才能为不断积累、补充和优化馆藏档案创造前提条件。因此，开发利用与档案积累是相辅相成、同步发展的。

3. 开发利用的范围与程度的渐进性

由于高校档案中部分信息内容具有机密性和内向性，在开发利用的时间上不可能像报刊一样迅速扩展，而是一个渐进的过程。相当一部分未到开放与公布期限的档案，在一定的时间内只能在校内档案机构或归档部门范围内加以利用。根据档案法律法规的规定，档案到达开放和公布期限后，才能扩展到校际交流和社会利用。尤其是一部分机密档案和科学技术保密成果，只能在解密之后才能成为社会共享的成果。因此，高校档案利用的范围与程度是一个由近及远、由内及外、由小至大、由少到多的扩展过程。

4. 开发利用的信息反馈性

高校档案的开发利用不是单向的信息流动，而是一个动态的、双向的信息交流过程，有效的开发利用必须以双方及时的信息反馈为基础。不论是校内还是校外的利用者，他们不仅是档案信息的被动接收者，还对档案信息的需求程度及档案信息内容的选择、发展动向、传递方式和利用效果等有各式各样的反应，也就是利用档案后的信息反馈，这种信息反馈有利于高校档案工作的深入开展。

（二）档案开发利用的模式与途径

1. 传统开发利用模式及途径

传统开发利用模式在我国有相当长的历史，至今仍然占有相当大的比重。高校档案开发利用基本上是以档案原件或档案副本、复制品的形式，直接提供给利用者查阅，或摘抄，或复制，以满足广大利用者的需要。具体的开发利用途径有以下几种。

（1）阅览服务

这是高校档案机构为档案利用者开辟阅览室，供利用者查阅档案文件及有关文献资料的一种服务方式，是高校档案最基本、最普遍的一种开发利用方式。档案利用者只要持有关证件，到学校档案馆（室）办理借阅手续，填写《档案借阅登记簿》，即可到档案阅览室查阅有关档案文件。

高校档案馆（室）开展阅览服务，有利于档案利用者查阅档案，取得有关档案的信息；为社会提供优质服务。有助于维护档案的机密性和完整性；有助于扩大档案原件的可访问性，从而提高借阅档案的周转率和利用效率，使更多的人能够直接访问档案；为高校档案工作人员提供监护服务，使其能够全面了解档案的利用情况，并解答利用者在利用过程中所提出的具体问题；同时，可以及时得到档案利用者反馈的意见，更好地改进服务工作，更好地为利用者服务。

阅览服务的具体要求应包括以下几点。

① 高校的档案馆（室）必须设立阅览室，配备专兼职工作人员，具体管理阅览室工作。阅览室应当设在离高校档案库房较近的地方，房间应比较宽敞、舒适，室内应备有各种检索工具（目录、卡片、参考资料）和较先进的检索设备，配备一定数量的桌椅坐凳，室外走道或休息室备有饮水设施等，应在室内墙壁醒目处悬挂阅览制度，明确规定接待对象、借阅范围、履行借阅登记手续、保护档案原貌等利用者应当遵守的事项。阅览室的档案工作人员不仅要熟悉馆藏档案，掌握各种检索工具的使用方法，更重要的是要有全心全意为利用者服务的工作态度和满腔热情，懂得换位思考，当好档案阅览者的顾问和参谋。

② 未建馆的高校所保存的档案，主要为本校各部门提供利用服务，不向社会开放。校外其他单位或个人利用档案时，一定要持单位介绍信，经校办主任批准后，方可查阅。涉及重大问题或党和国家机密的需经主管校领导批准。

③ 阅览室要建立、健全规章制度。阅览室对前来阅览档案的对象、阅读范围、阅读要求和相关手续都应作出明确规定。为了确保档案的机密性和安全性，档案馆（室）应当规定利用者不得访问与其利用无关的档案，以保障其信息安全；对于那些已经经历了脆化和缺损的易受破坏

的档案，我们需要采取相应措施，档案部门一般向利用者提供复制件；对一些尚未整理编目的零散文件，一般不予借用；严禁档案利用者在档案上做记号或涂改档案文件。为了维护阅览室良好的阅览环境，同时为了避免损坏档案，禁止利用者在阅览室吸烟，喝水应到指定的地方；不许利用者将档案原件及其复制件等私自带出馆（室）外，阅后的归还档案是必要的，阅览室工作人员应当认真核对并履行归还手续，以确保信息的准确性和完整性。在发现档案文件受到污染、篡改、破坏、撕裂、丢失或其他异常情况时，档案工作人员应立即采取适当措施以确保其得到妥善处理，并严格按照有关规章制度对损坏档案的利用者追究责任。

④　档案利用结束后，利用者必须在《档案利用效果登记表》"利用效果"栏目内如实填写档案利用效果。

（2）借出档案

在一般情况下，档案是不允许借出利用的，只有在特殊情况下，在一定范围内，经过主管校领导批准，某些档案才可以暂时借出。

高校档案借出服务的具体要求包括以下几方面。

①　建立完善的审批机制，以确保高校档案的借出符合相关规定。只有在特定情况下，如党政领导机关或司法机关使用档案原件作为证据时，才能符合规定，经学校主管领导审查批准，才可以将档案原件借出高校档案机构。外借的时间不宜过长，以免丢失或泄密，对借出档案应认真点清卷数、件数，以掌握具体档案的流动和利用情况，借用单位要及时归还并对所借档案的完整与安全负完全责任。

②　履行严格的档案借出登记与记录工作。高校档案的外借必须履行严格的档案借出登记和记录工作，负责监督档案利用者认真填写好《档案借出登记表》，具体内容包括档案借用者的单位、借用人姓名、政治面貌、职务、借出日期、归还日期、借出档案所属年度、借出档案的卷号、卷件数及接待档案借出的工作人员姓名、主管领导签字等。档案借出登

记的目的在于掌握档案利用者借阅了哪些档案及副本，了解外借档案的去向，明确借阅使用档案的责任。

③ 建立催还制度。对于借出的档案，要有归还时间限制。档案借用者不得以各种借口拖延归还时间，对于未按期归还的档案，档案机构应及时向档案借用者催还，以加速档案周转利用，提高档案的利用率。这样，也可以避免档案由于外借时间较长而出现损坏、遗失等现象。档案工作人员要认真办理归还手续，在《档案借出登记表》上注明归还日期，并且要求借用者填写利用效果。如果发现借出档案有损坏、撕毁等情况，应及时向主管校领导汇报，按照档案开发利用的有关规章制度妥善处理。

（3）编研服务

为了实现高校档案信息资源的深度挖掘，高校可以探索一种新的档案信息开发利用模式，该模式将资源共享与编研有机结合，以达到更高效的资源利用。这一种档案信息开发利用模式，以动态性、开放性、能动性和实用性为特点，将"死"的档案资源"复活"为流通的信息，实现了由被动服务向主动服务的转型。

（4）咨询服务

高校档案部门的咨询服务是以档案为依据，通过解答利用者提出的问题，向利用者提供档案材料和档案专业知识途径的一种服务方式。档案利用者经常会因一些政策、法规或技术方面的问题，通过口头、电话和书面方式向档案部门进行咨询。高校档案馆（室）在不违反国家法律法规的情况下，应提供咨询服务或出具证明，使咨询者满意。如果涉及党和国家的秘密或社会团体及公民个人的隐私问题，则要耐心地解释，谢绝回答。

咨询服务的步骤主要有：① 接受咨询，对档案利用者咨询的目的及内容进行审查，认真填写《档案咨询登记表》；② 对利用者提出的问题进行认真分析；③ 将查找所获得的信息、数据及文献等直接提供给利用者；④ 注意咨询档案和咨询效果的意见反馈登记；⑤ 有条件的高校档案馆（室）还可以开展数字参考咨询，利用数字档案馆网络进行在线咨询服务。

（5）档案复制服务

档案复制服务的要求包括：① 认真填写《档案利用（复制）登记表》；② 高校档案部的档案工作人员，在其复制件上亲笔签字；③ 由档案馆（室）加盖档案行政公章；④ 外单位的人员利用复制件，需持单位的介绍信和工作证、身份证等合法证明，经提供利用方有关领导同意签字后，方可复制档案。

档案复制服务同样是高校档案开发利用常见的档案利用服务方式之一。复制服务是以档案原件或档案副本为依托，通过复制（包括静电复制、缩微复制、拷贝复制、软盘复制等）手段，向利用者提供服务。制发档案复制件的优点有：速度快、准确度高；提高了档案利用率；有利于档案原件的保护和长久保存。

高校档案馆（室）制发档案复制件提供利用时，必须注意以下几个问题。

① 由于是复制件，所以在复制的过程中，不排除将档案原件有意改动的可能。当利用者需要档案复制件时，一般由档案人员在高校档案馆（室）复制，不得由利用者本人或其他人员将档案原件拿出档案馆（室）进行复制。

② 高校内部工作人员（包括离退休人员）因私事利用档案时，一般不予复制，但因工作的需要必须经主管校领导批准才能复制。

③ 对于上级党政领导机关（含主管部门和本校）印发的标有密级并且尚未解密的档案原件，一般不予复印。

（6）展览服务

展览服务是指高校档案馆（室）根据某种需要，按照一定的主题以展出档案原件或复制品的形式，系统地揭示和介绍有关档案的内容与成分的一种服务方式。这是让社会各界更多地了解档案、档案工作和档案馆（室）的渠道之一，也是档案馆（室）向社会广泛宣传档案与档案工作，增强社会档案意识的一种有效形式。各高校应根据本校档案馆（室）馆藏的档案，设立展览室或举办如历史档案、名人档案、伟人档案以及高校各种纪念活动专题档案等不同类型的展览。

高等学府的档案机构应当采用多种形式（如举办档案展览、展示、建设档案网站等），积极展开档案推广活动。

举办档案展览是一项具有高度政治敏感性和思想深度的工作，同时也是一项融合了科学性和艺术性的重要任务。举办档案展览所需满足的条件包括但不限于以下几个方面。

① 明确举办档案展览的目的。举办档案展览主要是起到积极宣传档案和档案工作或某些重要档案内容的作用。对展览档案题目的确定、展出内容、展出的范围，都应进行周密的考虑，然后拟定详细的展出计划和档案展出提纲，经主管校领导批准后再执行。

② 尽量提供档案复制件。档案展览一般应是复制件，避免用档案原件展览。一定要展出档案原件时，千万要加强安全保护，且必须有专人看守，或锁在陈列的展柜内，以防档案原件丢失或损坏。对于有密级尚未解密的档案，则不能公开展出。

③ 注意展览的选材。高校档案展览的选材要注意形式多样化，生动有趣，意蕴深刻，且有吸引力。

④ 注重讲解。高校档案展览的某些内容需要通过讲解服务，讲解展品的历史背景、来源和相关信息，以显示出档案展览的生动性、鲜活性、立体感。

（7）制发档案证明

高校档案部门为满足档案利用者的需求，提供档案证明，以供核查某一事实并复制或摘抄该档案。高校档案开发利用工作中，制发档案证明是一种广泛应用的方式，其适用范围涵盖了若干重要历史事件和活动的证明材料；为了满足公安、司法、监察、纪检机关的审理需求，必须提供相关的证明材料；为了满足公私各方面的需求，必须提供签订合同、协议书、产权等相关证明材料；提供个人所需的相关证明材料，包括但不限于教龄、学历、奖惩、职务、职称及工资等方面的信息。在开具档案证明的过程中，必须以严谨的态度对待，这是必要的要求。

①　高校档案部门必须认真审查利用者的工作证或身份证、单位介绍信及其提出制发档案证明的要求，依据要求酌情提供摘抄或复制相应的档案内容的证明材料。在摘抄时必须注明目的及被证明的某种事实背景情况（如时间、地点等）。

②　为确保档案证明材料的真实性和可靠性，一般情况下需要对档案原件进行摘抄或复制，而对于草稿、草案、草图的摘抄或复制，则需要在证明材料上进行详细的说明。

③　档案证明材料上应注明出处，如档号、全宗名称等，还应注明提供方法（如记述档案原文内容或复制原文等）和根据。

④　在本馆（室）所藏档案中，档案证明仅对某一事实的记载和方式进行确认，而不对材料内容进行任何评价或作出任何结论，以确保档案证明的准确性。确保所提供的材料文字准确无误，表述清晰明了，不得有任何模糊之处。

⑤　高校档案部门对开出的档案证明必须高度负责，必须对其进行认真的校对、审核，并应加盖公章，且有档案部门负责人的亲笔签字。

2. 信息化开发利用模式及途径

我国信息化开发利用模式早在 20 世纪 80 年代就已启用，这种新型的模式是传统开发利用方式的拓展，后来迅速发展的网络、光盘、计算机等先进的信息技术在高校档案部门普遍应用，大大提高了高校档案开发利用的社会效益和经济效益。

（1）网络信息服务

网络能使高校档案信息资源在更大的范围内传播，高校档案部门利用这个平台，在档案信息服务方面突破了旧的格局，可以开展多层次、全方位的服务。

（2）计算机技术

计算机技术具有高效的信息处理能力，信息的输入、输出速度快，大大提高了档案信息的传输效率。档案利用者通过计算机进行复印、缩微、扫描等方式，可以实现档案信息传递的网络化，能够从技术上保证在更大的范围内实现档案信息资源共享。

（3）光盘的使用

光盘具有存储量大、数据传输率高、存取速度快、存储成本低、易保存、体积小等优点，在高校档案信息开发中使用光盘是高校档案部门现代化服务的方式之一。

（4）各种传媒服务

传媒服务是指高校档案馆（室）通过各种传播媒介，传播各高校馆藏有关档案信息和相关事务的信息，进而促进档案信息资源在各行各业中得到广泛利用的一种开发利用方式。高校档案的开发利用，可以通过不同媒体的传播方式展开服务，如通过报纸、刊物、广播、电视、视频及电子橱窗等大众传播媒介传播相关事务的信息，进而促使高校档案得到广泛的利用。通过传播媒介传递档案信息是一种十分有效的途径，目前，各高校都建立了校园网络、广播、校刊，还有些高校推出了微信公众号，这些载体能及时地为高校档案机构开发利用档案信息资源提供快速而有效的途径。

（三）高校各部门档案的开发利用

1. 学校党群、行政档案的利用

（1）建立借阅利用制度

规定查、借、还档案的权限、手续等事项，并严格执行；对离校及离退休人员，在办理调离手续前，必须清还档案。

（2）根据工作需要，编制配套的检索工具

学校档案部门可将可开放利用的党群、行政档案目录分类汇编成册，印发给各部门使用，也可将目录放在学校网页上，供查阅。

（3）开展党群、行政档案的编研工作

分析党群、行政档案的内容，围绕学校各项工作的开展确定选题，编辑各种形式的、不同层次和专题的参考资料，如全宗介绍、年鉴、学校大事记、组织机构沿革、数据汇编、专题文摘等，为学校各项工作提供参考咨询。

（4）根据需要公布档案资料

根据社会和学校需要，学校档案部门可在适当的时候通过展览和新闻媒体公布档案资料。

（5）提高信息资源利用

根据档案信息化建设的需要和实际利用需求，积极创造条件，应用计算机进行档案检索，提高开发利用党群、行政档案信息资源的能力。

2. 学校教学档案的利用

教学档案是学校档案的特色内容之一，学校档案部门应加强开发利用工作，积极创造条件开展利用服务，充分发挥教学档案的作用。

（1）建立借阅利用制度

档案借阅利用制度可参考《学校档案部门业务建设规范》的第十一条，规定查、借、还档案的权限、手续等事项，并严格执行；对离校及退休人员，在办理调离手续前，必须清还档案；在为校内外个人或单位提供学生录取、学籍、成绩、毕业等相关证明材料时，应做好查阅人或受委托人身份的确认和核实，注意学生个人信息的保护，不得随意传播和复制。

（2）建立学籍档案数据库

根据工作需要，编制配套的检索工具，建立学籍档案数据库。学校档案部门可将开放利用的教学档案目录分类汇编成册，印发给各部门使用，也可将目录放在学校网页上，供查阅。

（3）开展教学档案咨询服务

帮助利用者熟悉和了解与其利用需求相关的教学档案的情况，指导其查找和利用，并解答有关问题。根据学校教学工作的需要，开展定期跟踪服务。

（4）开展教学档案编研工作

分析教学档案的内容，根据学校教学工作的需要，编辑各种形式的、不同层次和专题的参考资料，如数据汇编、专题文摘、校友名录等，为学校各项工作提供决策参考。

（5）收集、登记、利用教学档案

收集、登记、利用教学档案的社会效益和经济效益，并将利用实例汇集成册，印发宣传。

3. 学校科研档案的利用

（1）做好科研档案借阅、咨询服务

做好科研档案借阅、咨询服务，充分发挥科研档案的凭证作用和参考作用，为保护科研成果所有权及正确处理科研工作中的各种权益问题提供凭证，为科研活动提供参考。

（2）开展科研档案信息编研工作

积极开展科研档案信息编研工作，定期编辑科技成果简报、论文汇集、专业数据汇编等参考资料，在校内各部门、各单位之间进行交流报道或宣传介绍，供全校科研工作者参考。

（3）加工整理科研档案信息资源

对科研档案信息资源进行加工、整理、有序化重组，编制专题数据库，如科研成果数据库，使科研档案得到有效的增值，发挥更大的作用。

（4）妥善处理开发利用和知识产权的关系

注意妥善处理好开发利用与知识产权的关系，既要注重对档案信息查阅、复制、转摘的合法权利的保护，同时强调对其非法利用行为的控制，以避免知识产权纠纷和损失的发生。

（5）妥善处理开发利用和保密的关系

妥善处理好开发利用与保密的关系，要严格遵守国家有关科技保密的规定，在正确划分科研档案密级的前提下，合理确定使用范围，保证科技机密及档案的安全，维护本校和科研人员的权益。

第三章　高校档案管理信息化建设

本章为高校档案管理信息化建设，依次介绍了高校档案管理信息化建设概述、高校档案信息化管理现状与发展、高校电子文件的制作与管理、高校纸质档案的数字化建设四个方面的内容。

第一节　高校档案管理信息化建设概述

一、高校档案信息化建设理论

在信息社会中，档案事业必须进行信息化建设来适应快速发展的趋势。随着社会信息化加速和信息量激增，人们已经开始感到在翻阅海量信息时有些无所适从，迫切需要信息服务部门帮助他们迅速、准确、方便地找到所需的知识和信息。作为社会信息资源的基础性资源，档案信息具有来源广泛、覆盖面大、内容真实可靠等特点，与国民经济和社会发展密切相关，是社会信息资源中的基础性资源，被誉为"信息资源之源"。所以，档案部门要想应对时势变化和适应社会发展的要求，其有效途径就是要及时地开展档案的信息化建设。

（一）档案信息化的概念与内涵

档案信息化是构成国家信息化体系的基本要素，反映了国家信息化战略在档案领域中的重要地位，其建设过程主要是在国家的总体规划和系统组织下，运用现代化的信息技术，对档案信息资源实行全方位的管理、处置与提供利用服务，逐渐适应数字环境下档案活动的发展与进步，使社会档案的需求得到最大程度的满足。

通过对档案信息化概念的分析与理解，可以将档案信息化建设的内涵具体总结为以下四点。

1. 统筹规划、精心组织

档案信息数字化是信息技术在档案领域应用的具体体现，迫切需要将档案信息化纳入国家信息系统。这一过程需要服从全国信息化战略规划，以有序的方式进行。

2. 全面应用现代信息技术

在档案信息化建设的过程中，要全方位运用多种先进信息技术，推广并在档案工作各个环节及相关业务技术部门中广泛应用。同时，跟踪技术更新，以期在必要时运用最新技术。

3. 合理配置和科学管理

数字化、标准化、系统化及网络化是将档案信息化建设发挥到极致的目标，其主要作用在于加强档案信息资源的合理配置和科学管理，落实对档案信息的实际全面获得和妥善保管。这有助于保障档案信息安全，确保其合理使用，满足社会对档案信息快速增长和应用需求的需要。

4. 档案管理模式的变革

档案信息化是指政府、企业和其他社会机构转向使用数字化媒介去管理他们的文件和档案的方式，以适应信息化的社会趋势。实施档案信息化建设有助于推动档案管理模式的转型，从传统以维护实体档案为中心的保管模式，向以数字化档案为主要形式、提供多种服务形式为重心的现代化管理模式转变。

（二）档案信息化建设的内容

1. 档案信息化基础设施建设

实现档案信息化的过程中，基础设施建设是至关重要的因素，涵盖了计算机软硬件及其他必要的辅助设施。这些设备包括信息高速公路和宽带网络、多种通信子网、企业内部局域网及相应的软硬件设备。实现档案信息化建设需要一定的物质基础，也就是软硬件基础设施。

2. 档案信息资源建设

档案信息是重要的战略性资源，对国民经济和社会发展具有重要意义。开发和利用档案信息资源是实现档案信息化的核心任务。实现档案信息化建设的关键在于档案信息资源建设，它的重点分为两个部分：一是将各种档案资料数字化处理，二是管理和归档电子文件。

3. 档案管理应用系统建设

建设档案管理应用系统的目的是确保有效地开发利用档案信息资源并推进档案信息网络的建设，此举对于推动档案信息化建设的进程和提高其水平具有至关重要的作用。现阶段，档案管理应用系统包括多种形式：为满足不同应用环境而开发的各类档案管理软件、基于政务网的文件档案数据库系统，还有基于互联网和政务网的档案网站等。

4. 档案信息化标准规范建设

确立并遵守档案信息化的标准规范是档案信息化能够稳定、有序、健康发展的关键。规范和协调档案信息化各要素之间的关系是信息化建设的关键，它包含管理、法制和技术等多个方面。法规和标准的制订、执行，为档案信息化建设提供了稳定的基础，这是不可或缺的必要条件。

5. 档案信息化人才队伍建设

要想使档案信息化建设顺利实现并持续发展，必须依靠拥有信息化能力的人才提供支持，这些人才是至关重要的保证。在档案信息化建设中，打造能够适应档案信息化建设的优秀人才队伍、提升档案从业者的信息素养和技能，以满足信息化建设的需要，是至关重要的一项内容。

6. 档案信息安全保障体系建设

相比普通信息，档案信息所包含的敏感信息较为丰富，因此需要采取保密措施并设置使用限制。泄露这些信息或被恶意利用，可能会威胁国家安全、损害公众利益及影响社会稳定。因此需要建立一个严密的档案信息安全保障体系，来确保对档案信息的合理使用。

（三）档案信息化建设应遵循的基本原则

1. 文档一体化原则

文档一体化是一种综合文书管理和档案管理的方法，它覆盖了文件生成、处理、归档等整个过程，保证了文件内容和元数据的一致性，让文档和档案之间的数据互通顺畅、具有完整性。

2. 双轨制原则

虽然电子文件的产生和应用已经十分普遍，但是在法律和凭证方面，它的重要性仍无法与纸质文件相媲美。学校应当依据教育部和国家档案局发布的规定，同时妥善管理纸质档案和电子档案材料，坚守"双轨制"原则，实现档案信息化建设。

3. 前瞻性原则

档案信息化建设的根本目标是整合档案信息资源、技术和服务，以实现社会上所有人都能够最大限度地共享这些档案信息资源。这个系统项目包含的内容非常复杂，因此需要按照计划，逐步分层、分阶段进行。在确保软硬件资源可持续性的前提下，需要深入研究和掌握时代潮流，进行科学论证，以满足信息产业的当前需求，同时顺应未来的发展趋势。这样可以避免资源浪费，从而提高资源利用效率。

4. 协作原则

在进行档案信息化建设时，必须同时考虑到基础设施、信息资源、标准规范、管理应用系统和安全保障体系等各个方面，这些方面的建设需要充足的资金、技术、设备和人才等资源。对于档案馆（室）来说，如果想要在人力和财力有限的情况下实现档案信息化建设，就必须秉持协作原则。

5. 效益原则

进行档案信息化建设时需要遵守效益原则，因为这个系统工程十分庞大，需要投入大量的人力、物力和财力。在落实档案信息化建设时，应坚持实事求是，正确评估问题的优先级，针对性地处理最紧迫的难题，全面提高档案信息化建设效益。

二、信息化建设对高校档案管理的影响

（一）信息化建设拓展了高校档案管理的功能

1. 具备信息传递功能

在 21 世纪，网络已经普及，信息技术也成为引领潮流的重要力量。高校当前的主要方向是建设符合现代意义的校园，以适应社会潮流发展的需求。随着高校广泛应用信息技术，办公自动化和电子政务的普及程度不断提高，电子信息文档也不断涌现。很多大学档案的文献资料已被数字化并储存在计算机中。档案管理员将使用特定软件来对这些文件进行分类、整理、评估其价值并进行著录。此外，每个文件都会被注明相应的特征信息，以便更快、更精确地搜索和查找。高校档案管理工作室已经成为信息管理中心，这是因为大量电子档案正在被积累，除了负责档案文件的管理外，它还承担着信息管理的任务。它的好处在于可以通过校内网络平台将公告性文档放置，便于资源共享。这种做法不仅能够增加工作效率，而且有助于提升每个用户对档案管理的理解，使他们能够得到更快速、更准确的服务。不但实现了高校档案管理的各项功能，

更加凸显了其作为重要的中心枢纽的地位。

2. 显化了宣传教育方面的支撑功能

高校档案是保存高校发展历程和文化特色的记录，它收藏了丰富的原始数据。这些内容的涉及范围很广，包括教育、管理、研究、文化等多个领域，能够反映高校的领导层、教师及学生的行为；包括研究报告、学术交流体验、项目计划和规章制度等，为高校的日常工作提供了必要的信息支持。除此之外，这些记录还扩展了人与人之间交流的范围，为进一步推进交流活动提供了绝佳的机遇。运用信息技术来处理高校档案管理工作，能够有效呈现档案信息，增强档案宣传和教育工作的力度。除此之外，信息技术还可以在人才培养和科研活动中发挥其支持宣传教育的作用，从而为教师和学生提供更加直观、方便的服务。在开展课题研究、产品研发或学术论文写作时，可以利用网络搜索功能来搜集相关素材和资讯，从而获取高校在教学和科研领域的成果信息，达到了高效的档案管理目的。主动搜集档案中独特的信息，对其进行归纳和规范，用于实施档案管理的宣传和教育工作。

（二）信息化建设促进了高校档案管理工作的建设

1. 促进高校档案管理的公正、透明化建设

创建一个信息化的管理平台，其中包括校园日常事务管理和档案信息平台。该平台还配备了一个信息公告栏，用于展示与学校教学特色、办学条件、招生章程、教师任职资格、就业和出国要求等相关的信息，以便教师和学生更好地了解。这样不仅能够增强高校档案管理的职能，同时也能够促进高校档案管理工作的公正透明化、提高服务质量和专业水平。这也有助于提高高校档案管理的服务能力，使其更具竞争力。

2. 促进高校档案管理的信息共享建设

高校档案管理的最终目标是让用户能够更便捷、更准确地获取信息服务，并提高效率。随着全球经济融合的推进和信息社会的快速发展，

信息管理的范围正在不断扩大。现代高校的档案用户对服务功能的期望越来越高。因此，高校档案管理信息共享的实现既符合社会的紧迫需求，也是高校档案管理必须努力追求的方向和趋势。因为采用了信息技术，高校档案管理的信息共享得到了有力的推动。同时，它还将我国所有高校的档案信息联结在一起，使得各大高校之间能够更加紧密地交流与共享。我国的高校已经建立了一个行业内的信息共享系统和平台，这让师生和科研人员更加便利地互相学习、工作和参与活动。这不仅可以节约资源，还可以提高工作效率。

3. 促进高校档案管理的工作效能建设

通过简化高校档案管理的程序和内容，提高了工作效率，进一步提升了档案管理的工作效能。高校档案信息化管理采用电子化存储方式，将档案信息数字化处理，避免了传统的纸质存储方式所需的大量物理空间。此外，高校引入档案信息化管理后，可以提高档案的长期保存效果，也能减轻员工档案整理和维护方面的负担。利用信息化技术可以使整理和处理档案信息变得更加简便，从而提高档案管理工作的效率。通过使用档案检索关键词，能够显著减少管理人员和使用人员的查询时间，为他们提供更加便利和快捷的服务，进一步提升高校档案管理水平。

（三）信息化建设完善了高校档案管理的服务性

1. 为高校档案管理服务打下技术基础

高校档案管理的核心任务是对具备历史、文化和学术价值的纸质档案进行归档、分类和安全保护。随着信息技术在高校档案管理中得到日益广泛的应用，校内网站正在逐步建设。此外，现代化的档案载体（如磁盘、光盘等）已经取代了过去传统的纸质存档模式。通过改变存档方式，不仅拓宽了收集范围，还实现了保存形式的更加灵活化。高校档案管理的服务功能得到了显著提升，为用户提供更加优质的服务奠定了坚实的技术基础。

2. 高校档案管理的服务功能更加人性化

高校档案管理工作的信息化建设不仅拓展了服务范围，而且提高了管理工作的服务质量，更符合用户的需求和期望。随着信息技术的进步，高校档案的存储方式得以扩展，使高校档案信息从原本的单一形式逐渐发展为更全面、综合的形式。采用多维度的方式对某一主题的信息进行记录，如声音、图像、视频、照片等，实现了档案信息的全面化管理，使使用者更加全面、明确地理解档案信息的主题。此外，高校还可以利用信息化技术改变档案管理的服务方式，以适应使用者需求和心理的变化，并创新个性化档案服务功能。校园网站或档案管理网站可实现用户注册功能，新注册的用户必须经过审批方能正式使用。为了更好地促进专业性较强学科的教研工作，将提供个性化的指导服务，并建立一个信息交流平台，以方便文件管理和使用者之间的沟通，以此来实现信息导航的目的。

（四）信息化建设对工作人员提出了更高要求

1. 对专业技术水准提出了更高的要求

高校档案管理人员必须具备广泛的技能，包括收集、整理和分析档案的专业知识，掌握基本的计算机操作和利用计算机技术进行有效的信息管理。档案管理人员在浏览复杂的网络环境时保持强大的档案安全意识也是非常必要的。为此，在尖端网络安全技术方面的持续学习和技能建设对于在复杂的网络环境下为高校提供最佳的档案管理至关重要。

2. 对职业素养提出了更高的要求

建立网络虚拟环境，为人们提供了更多的诱惑和可能性，使得生活更加丰富多彩。对于高校档案管理人员而言，坚决抵制一切不道德的引诱，提升个人职业道德素质，对于推动高校档案管理工作具有至关重要的作用。在信息化时代，高校档案管理面对着机遇和挑战的双重试炼。要充分发掘信息化对高校档案管理的积极作用，并尽可能地减少不安全因素对其产生的负面影响。这表明学校和管理人员需要重视培养职业素养和良好的意识基础，同时提供思想上的支持，以确保高校档案管理工作的顺利开展。

第二节　高校档案信息化管理现状与发展

一、高校档案信息化管理现状

（一）高校档案信息化管理的问题

1. 对档案信息化建设的认识有待提高

全面认识档案信息化的过程是教育思想、教育观念转变的过程，是以信息的观点对现实问题进行分析认识的过程。只有在这样的基础上指导并提高对档案信息化建设的认识，才是我们所需要的档案信息化。近年来，随着国家信息化建设的整体推进，校园信息化建设已呈现出良好的发展势头，而高校的档案信息化建设相对要明显滞后。其中一个主要原因是有些高校的竞争意识淡薄，受主、客观条件的限制，传统的管理理念和思维方式严重制约了高校档案管理信息化的建设和发展。所以，必须提高对档案信息化建设的认识，将其纳入校园信息一体化的进程中来。

2. 档案信息化缺乏统一的标准

尽管一些国家已经颁布了档案标准或行业标准，但这些标准不能满足档案信息化快速、有序发展所需要的一切。为了使高校档案信息得到全面共享，需要制定更广泛的标准和规范。这些标准覆盖了多个方面，包括高校档案门户网站信息系统的设计、高校数字档案管理软件的应用，高校纸质档案数字化的标准及不同高校档案数据库之间的交互标准等。

3. 档案数字化起步缓慢，投入不够

实现档案的信息化管理，必然要求纸质档案的数字化。虽然建立档案收藏品和文件的数据库目录可能相对容易，但将纸质档案数字化并创建相应的全文数据库更具挑战性。考虑到纸质档案数量众多，而且任务繁重，完成这项工作可谓十分困难。要取得成功，需要高校各个方面的大力支持，不仅需要投入大量人力物力，还需要经费等各种资源的充分保障。

4. 缺少必要的软硬件环境

在开启档案管理信息化建设进程之前，必须准备好所需的硬件和专门软件，因为它们是基本的先决条件。然而现实是许多学术机构未能为他们的档案管理部门配备足够的硬件，如专用服务器，导致一些部门不得不仅仅依靠普通计算机来执行他们的关键任务。如果缺乏生产和接收电子文件的设备和网络，那么高校档案机构就不能实现信息化建设。因此，高校档案信息化建设的基础在于拥有必要的硬件设施。

软件方面主要体现在档案业务管理和档案数据采集方面。目前有些高校还采用纯手工的方式管理档案。虽然也有一些高校采用了单机版或网络版的档案管理系统，然而大都没有和学校的其他管理系统（如办公自动化系统、学籍管理系统、成绩管理系统、资产管理系统等）环境有机结合起来，系统处理功能极弱，适应性、扩展性很差，根本无法满足现阶段高校电子校务环境下的档案管理工作的需要。

5. 缺少档案和信息技术专业人才

高校缺乏掌握档案信息化技能的人才，拥有档案专业和信息技术专业知识并能熟练运用两者的人才非常少见。许多档案员没有接受过档案或信息技术领域的正式学习，因此缺乏相关领域的系统性理论知识，许多学校并没有将培养档案信息化人才放在优先考虑的位置。

（二）高校档案信息化管理面临的挑战

首先，建设任务重，见效难。

在推行档案信息化管理时，需要对现有档案进行归纳整理，并运用扫描器等设备将各种载体，如文件、音频、视频、图片和书籍等进行数字化处理，转化为电子文档。为了使用户能够更方便地查阅信息，需要使用文档处理工具来整理和规范化各种数据。此外，为了实现信息化管理目标，还需建立一个网络资源共享平台，以提供远程信息服务和确保网络安全等服务。这些服务需要投入大量的工作时间，并对工作质量提出了高要求。长期的系统建设和完善是必要的，以便全面地完成这些工作。若缺乏经费、技术和人员等必要的支持，则很难取得明显的成果。

其次，环境变化快，服务方式转变难。

因为之前高校档案管理部门缺乏竞争环境的刺激，管理人员的工作态度较为陈旧，未能及时适应变化和增强竞争意识。通过档案信息化管理的实施，扩大了档案管理的服务范围，同时提高了服务的透明度和公开性。因此，为了确保档案信息化管理的整体水平不断提高，档案管理部门需要及时更新自己的服务理念、调整工作态度和方式，扩展业务范围并不断提升服务质量。对于那些一直从事传统档案管理工作的人员而言，这是一个不小的挑战。

二、高校档案信息化管理的发展策略

（一）强化信息化认知

实现现代化发展有着重要的手段，其中之一就是档案管理信息化。因此，高校应该更加深入地了解信息技术，并将其与档案管理部门的工作融合，以确保数字化档案管理的实施与高校未来的发展需求相适应。

同时，应将档案管理工作与高校的发展计划相整合，以实现最佳效果。另外，高校的档案管理部门应当注重提高工作人员的信息技能水平，深刻认识到信息技术的重要性，并促进其广泛应用。除此之外，需要实施激励策略，以激发员工的积极性；同时，根据实际情况制订详细的实施方案，在不断推进高校档案馆信息化进程的过程中不断完善。高校规划指出，高校档案信息化管理在高校战略规划中具有至关重要的地位。为此，需要加大高校档案信息化领域的投资力度，并制订能够评估员工绩效的考核制度，以确保高校档案信息化建设成功实施。除此之外，还应该鼓励高校档案管理人员更加热情地投入工作，以更好地满足高校档案信息化建设的需要。

（二）完善信息化建设基础设施

高校档案管理的信息化建设需要借助软件和硬件设备作为前提条件。高校应充分利用现有硬件设备，积极引入新型的硬件设备和软件应用，与时俱进，提高档案管理信息化水平。了解高校档案管理的具体工作内容，并准备相应的设施和工具，以便更好地实施管理工作并满足管理需求。设计软件系统，以满足不同档案的需求和功能，并促进技术与档案管理之间的合作，以确保在档案使用的各个环节中提供高质量的服务。为了更好地适应教育改革和高校的实际需求，软件系统应当持续升级并充分发挥其功能，以加强高校档案的信息化管理和提高其管理效率。此外，定期审查硬件设备的运作状况并执行维护措施，可有效地减少硬件故障的概率，延长设备的使用寿命，因此可减少高校档案信息化建设的花费。

（三）加强数据库建设

高校档案信息化建设的核心是数据库，它可以实现信息的获取、转换、生成、保存和传递等多种功能。要实现高校档案管理的信息化，就需要创建一个全面的数据库来存储各种不同类型的档案信息，如文字、图片、音频、视频等。此外，在数据库中需要进一步细分档案类别，并将具体的部门作为录入档案信息的单位，以方便检索档案资料信息。在档案信息录入的过程中，档案管理员需要与高校各部门保持沟通和协调，以确保信息准确无误地进行核对，避免出现任何虚假信息，以保证档案资料数据的真实性。高校可以建立一个集成化管理平台，将档案管理部门和其他部门紧密结合在一起，以便更加高效地收集和分类档案信息，避免在档案信息传递过程中出现遗漏的情况。除此之外，必须确保数据库信息的及时更新，以保证高校档案的服务价值得以提高，使其紧密配合学生和高校实际情况。确保档案原件得到妥善保管和备份，以保障在共享档案信息的过程中安全可靠。目前，高校使用办公自动化（OA）系统作为办公系统。为了高效管理档案，应当采用 OA 系统对档案信息进行分类，以便更便捷地整理和存储档案资料。除了学生的个人档案信息之外，高校还需要保存关于科研、技术等方面的相关资料。为了更好地管理数据库，需设定档案信息的保密分级制度。为了更好地管理保密级别较高的档案资料，可以创建一个专用数据库来存储这些资料。这样可以便于借阅、参考和利用这些档案，从而提高档案信息的利用效率。

（四）构建共享体系

为了提高档案信息的利用率，有必要建立数字化档案管理平台和高校档案管理网站，并将其整合为一个有机的系统，以促进高校档案服务平台的建设和档案信息的共享，这些平台和网站将成为实现档案资料信息高效利用的重要载体。为了提高档案资料的利用率，高校可以设立一个档案信息共享平台，这样需要使用和查阅这些档案信息的人就能够方便地获取所需资料。尽管高校网站的设计和功能存在差异，但借助档案服务平台，我们能与每所高校联系，并确保其档案资料信息可在此平台上查阅，满足各类需求，并提高档案处理效率。除此之外，还要特别重视高校档案的数字化处理要求，这包括了标准化的具体要求。实现高校和企业资源共享的关键是标准化。从档案信息处理和安全管理等多个方面出发，建立标准化的业务流程，确保高校档案信息数据标准相同，促进高校和企业之间档案信息互通。

（五）重视信息安全管理

如果想要提高档案管理的信息化程度，就需要重视预防档案信息泄露的风险。鉴于信息环境的复杂性和档案信息共享与网络化的发展，管理档案所面临的挑战也日益加剧，因此必须采取措施来应对未知的安全威胁。在高校开展档案信息化建设时，应注意加强相关人员的信息安全意识培养，推广规范操作，以降低安全隐患。通过应用安全软件如防火墙和安全卫士来维护系统的安全性，并定期更新软件系统、及时修复档案管理系统中的漏洞，以抵御黑客攻击和病毒入侵，以保障高校档案信息的安全。考虑高校档案资料的保密等级，以制定相应的保密规定，采用多人管理模式并划分档案保密职责。遵循《中华人民共和国档案法》的规定，完善高校档案信息的保密工作，使档案信息的安全得到最大程度的保障。

（六）吸纳档案管理专业人才

实现高校档案管理信息化建设需要专业技能卓越、熟练掌握数字技术的档案人才，他们不仅能够优化和提高高校档案的信息管理工作效率，还能全面应对信息和数据技术的综合技能需求。为提升综合能力，高校应加强现阶段档案管理人员的信息科技应用能力，整合并融入信息与数据技术培训内容于业务培训中。当高校引进先进的档案管理硬件设备时，必须为高校档案管理人员提供培训，使他们熟悉设备操作技能，确保他们能够满足实际需要。为了推进高校档案信息化工作，同时发掘档案资料的价值，高校招聘人才时应考虑招聘具备复合型档案工作能力的人才，能够有效整理高校档案资料信息并挖掘其服务价值。

第三节　高校电子文件的制作与管理

一、高校电子文件概述

（一）电子文件基本知识

法定责任者在履行职责时所产生的电子文件，由一系列数字代码序列构成，这些数字代码能够被计算机系统识别、处理，并被按照特定格式存储到各种介质上，如磁带、磁盘或光盘等。电子文件包括文本、图形、图像、影像、声音和多媒体文件。从广义上来讲，电子文件指法定责任人使用现代信息技术制发并以全数字化形式存在的文件，并且可在计算机网络中储存、传递、检索、利用；若狭义地讲，电子文件就是指法定责任人使用现代信息管理技术产生的具有规范格式的文件电子数据，并且这种电子数据能够取代传统的纸质文件的数字化形式，同时，还涉及电子政务运行中各种形式文件电子数据的处理。这里所说的电子文件，一般指狭义上的电子文件。

1. 电子文件的特征

电子文件从其性质上讲是文件的一种类型，应该具有文件的各种属性，同样具有规范体式，需要经过一定的制作和审批程序，同样具有法定的权威和现实执行效用。

电子文件是"数字信息"和"文件"相结合的一种形式，因此拥有便于搜索、删除、修改、复制和传递等优势。它不仅拥有数字化信息的特征，还表现出文档的属性。另外，数字信息也是它作为文件的一种特征。电子计算机所处理的信息经常被转换为数字格式，这种格式可以被记录下来并以二进制代码的方式表示，因此也可称为"数字文件"。

2. 电子文件的内容

一份完整的电子文件应包括以下三个部分。

① 内容数据：是指表达电子文件的全部数据。

② 背景信息：是指电子文件的相关背景资料，即描述生成电子文件的职能活动、电子文件的作用、办理过程、结果、上下文关系及对其产生影响的历史环境等信息。

③ 元数据：是指描述电子文件内容数据的数据，包括文件的格式、编排结构、硬件和软件环境、文件处理软件、字处理和图形工具软件、字符集等数据。

（二）高校电子文件基本内容

1. 高校电子文件的特性

电子文件的特性与纸质文件相比有许多不同之处，为了稳妥有效地对电子文件进行管理，必须首先了解电子文件特性。对于电子文件而言，其介质与处理技术具有一定的特殊性，它除了具备纸质文件特性以外，兼具了纸质文件并不具备的特性。具体分析如下。

① 责任者的法定性。国家机关、社会团体和企事业单位依法设立并具备行使职权和履行义务的能力，负责管理电子文件。非法定机构和其代表人士无权制发电子文件、法律规定，制作电子文件的人必须是具有法律认可的身份，且必须在其法定义务范围内，遵循公务要求制作文件。如果制作电子文件时超出了职权范围，那么该文件无效。

② 体式的规范性。电子文件的体式包含两个方面：其一是必须符合国家规定的外在规范格式，与纸质文件相一致，其内容和结构也必须受到严格的规定。我国目前使用的电子文件格式是按照《国家行政机关公

文处理办法》的规定制作，并遵循《国家行政机关文件格式》的要求。这些电子文件具备国家管理权威的认可，如果各地区、部门、单位都采用不同的格式，将给文件的撰写和处理带来极大的不便，进而影响文件的严肃性和正常发挥作用。因此，统一的规范体式是必不可少的。即使是在电子形式中，红头和电子印章仍保留其在传统纸质文件中的识别功能。其二是电子文件的格式也包括文体、结构及行文方向等要素。

③ 制作的程序性。电子文件写作有其独特之处，不同于一般书写。电子文件的合法发起人是机关或机关领导，而非具体的文稿撰写人。因此，文稿撰写人只是代表法定发起人发布文件，并应服从电子文件的主要责任人的指示，按照其意图书写文稿，以确保履行相应的责任。制作一份正式的电子文件需要多方联合，各部门齐心协作，恪守规范流程，以确保有序而高效地完成。整个电子文件的生产过程包括从初稿起草一直到最终文件的发送。在制作电子文件时，必须严格按照法定程序进行。否则，不仅无法生效，甚至无法通过计算机完成制作。

④ 过程的同步性。考虑到电子文件的易修改性和网络信息共享性，电子文件管理系统的建立是以电子文件的完整生命周期为基础的。旨在重构传统文件档案管理的业务流程，将某些业务环节提前，或对多个业务环节进行组合，避免重复操作，同时减少滞后作业，使工作效率明显提升，使电子文件的整个生命周期在严格控制下运行。可以说，电子文件从最初制作、中间处理与最终归档整个过程是同步进行的，实现了一体化制作。

⑤ 信息形态的非直读性。对于电子文件而言，其中的数字、文字、图像、声音及影像等信息在计算机系统处理下，均变成由"0""1"组成的数字代码信号。这些信号仅仅依靠人的肉眼是无法识别其内容的，必须在计算机系统的处理下，才能将其转变为人眼可辨识的信息。

⑥ 存储类别与格式的多样性。就存储类别来看，电子文件不只包括文本文件，还包括许多其他格式的文件类型，如图像、图形、声音、数

据、影像等文件类别。

⑦ 多媒体集成性。电子文件不仅含有文字和图表信息，还涵盖声音、图片、影像和各种多媒体信息的组合。从信息量的角度来看，电子文档比纸质文档更加复杂。

⑧ 对技术标准与先进设备的依赖性。电子文件在制作、处理、存储、阅读与检索等过程中，离不开先进的软硬件设备与技术的支持。而对于不同类别的电子文件，在整个制作周期中也需要在一定的软硬件环境下才可以实现。

⑨ 储存条件的特殊性。电子文件载体在存储过程中，对存储环境与条件的要求较为严格，装具、磁场、温度、湿度及空气清洁度等都要达到一定的标准。以上各条件若发生变化均可能对电子文件信息产生影响，甚至发生信息丢失、介质退变等问题。

⑩ 与载体的剥离性。电子文件内包含的信息可与载体之间分离开，并可进行自由组合。在信息技术的支持下，其能对具有相同信息的文件进行复制。

⑪ 信息共享性。因电子文件内所含信息与载体之间可以分离，所以电子文件信息可与原有载体进行脱离，并能被不同用户在同一时间内使用，实现随时随地的信息共享。

⑫ 易被攻击性。对于电子文件而言，其容易受到计算机病毒的侵袭，导致计算机系统及电子文件载体的安全性受到威胁，同时电子文件还容易受到电脑黑客的攻击，导致文件信息安全性受威胁。

⑬ 修改无痕性。对电子文件进行删除或修改是非常容易的事，且信息修改后重新排版是不留痕迹的，很难被人发现。

⑭ 对元数据的依赖性。如果电子文件脱离了元数据，是无法独立存在的。此处所说元数据指文件格式、软硬件环境、编排结构、字符集及文字图形处理工具等。

⑮ 原始相对性。随着科技不断进步，存储电子文件所用的介质也

会逐渐过时老化。为了能够应对这一问题，确保电子文件是安全可靠的，需要将电子文件的格式转换为其他格式，同时还要将信息转移至其他地方，但这一做法也会让原有的电子文件丢失其完整性，需要注意的是，这并不代表着能改变电子文件的信息。从物理角度来看，文件格式的转移与转换仅保证了电子文件的安全性，并不会改变文件的信息。

2. 高校电子文件的类型

为了撰写、使用和管理电子文件的便捷，可根据不同的标准，从不同的角度对电子文件进行分类。目前主要有以下八种划分方法。

（1）按电子文件的信息存在形式分类

根据电子文件的信息存在形式来分类，可将其分为文本类电子文件、图像类电子文件、图形类电子文件、影像类电子文件、声音类电子文件和多媒体类电子文件。

（2）按电子文件的产生方式分类

根据电子文件产生方式，可将其分为原始文件和转换文件。

原始文件指在计算机系统中最初生成的文件，转换文件是将实体媒介（如纸张、胶片或磁盘等）中的文件通过重新输入计算机系统中制作成的电子文件。

（3）按电子文件的功能分类

根据电子文件功能的不同，可将其分为主文件、支持性文件和辅助性文件。

① 主文件

主文件是指用于表达作者意图和管理职能的文件。每份纸质文件都具有主文件的地位，可以单独起效。要读取和处理电子文件，必须具备相应的软硬件环境，并使用支持性、辅助性、工具性文件。作为计算机系统中的信息载体，主文件的作用在于传递和表达作者的意图以及承担管理职责。

② 支持性文件

支持性文件可以协助主文件的生成和运行，它包括文字处理软件、表格处理软件、图形软件、多媒体软件等。这些软件各自拥有特殊的功能，包括文字处理、表格处理、图形编辑、声音处理和影像处理等，以帮助用户最终完成所需的文档或作品。

③ 辅助性文件

辅助性文件，顾名思义就是辅助主文件完成制作与检索的过程。一般情况下，计算机程序类文件通常包括辅助设计文件与图形文件，而数据库则包括各样的辅助数据库、与之相关的索引文件和备注文件等。这些文件与系统配置相互配合，为计算机系统提供支持，能够促进电子文件的制作流程，让计算机操作更加容易，方便电子文件的创作和发布。

主文件与支持性文件、辅助性文件之间存在相互依赖和协同作用的关系。如果没有主文件，那么支持性和辅助性文件就无法独立发挥其功能。如果没有支持性文件和辅助性文件，主文件的功能可能会受到影响，甚至无法正常生成。

（4）按电子文件的作用分类

电子文件可以按其用途不同分成三种类型：通用电子文件、专用电子文件和事务电子文件。根据 2001 年 1 月颁布的《国家行政机关公文处理办法》，共有 13 种行政规范性电子文件，也就是通用电子文件。专用电子文件的适用领域十分广泛，包括党务、军事、外交、司法、财经等多个领域的电子文件。日常办事时使用的电子文件称为事务电子文件，这些文件被广泛应用于各种机关、单位、社会组织，包括计划、总结、简报、调查报告、规章制度等不同类型的文件。

（5）按电子文件的传递方向分类

电子文件可以根据其传递方向分为上行文、下行文和平行文。下属机构向上级领导或业务指导机构发送的电子文件，通常被称为上行文。下行文，即指上级机关在组织架构内沿着垂直系统向隶属机关或受其指导的业务机构发布的电子文件。平行文是在同级机关或不同属机关之间发送的电子文件。

（6）按电子文件的行文目的分类

电子文件可以根据其用途和内容进行分类，包括规范性文件、指导性文件、告示性文件、呈请性文件、商洽性文件等。规范性文件包括各级政府和部门所发布的法律、规章、条例、办法等文件，其目的在于各种行为的标准并使其符合规范。领导机关所发布的指导性文件包括命令、指示、通报、通知、批复等，其目的是传达领导思想，指导和安排工作。告示性文件是指公开发布某些事项的文件，如公告、通告等，旨在向社会公众传达相关信息。呈请性文件是一种正式的文件，用于向上级领导汇报工作进展情况、反映工作上的问题和提出需要的建议或请求批准或指示。具体的呈报文件类型包括报告、请示和意见等。商洽性文件是指用于与同级机构或不同部门进行平等协商一般问题的文件，如函等。

（7）按电子文件内容的涉密程度分类

电子文档可以按照信息的保密等级进行六种分类，分别是：对外公开电子文件、限国内公开电子文件、内部使用电子文件、秘密电子文件、机密电子文件、绝密电子文件。这些文件中常用的标志是"秘密等级"：秘密、机密和绝密。对外公开电子文件是一种常见类型的文件，其内容不包含任何机密信息，可以在国内外公开展示。限国内公开电子文件是指未设定密级，但不适宜公开发布至国外的文件，仅在国内发布的文件，这一类文件大多数是由各个行政机构所发布的。内部使用电子文件仅限于本单位内部使用，也被称为内部文件，尽管其内容并不包含任何机密信息，但并非适宜对外公开。秘密电子文件是指包含敏感国家信息的文件，如果泄露，可能会危及国家的安全和利益。绝密电子文件指那些包含了极为重要的国家机密、一旦泄露将会对国家安全和利益带来极大威胁的文件。

（8）按电子文件的时限分类

根据处理时限的要求，电子文件可以划分为三类：平件、急件、特急件。标有急件和特急件标志的文件表示其处理程度更为紧迫。平件是指没有紧急性要求，可以按照预先规定的工作流程一步步处理的文件。急件是指内容至关重要且需要在时间上争分夺秒，应优先处理的文档。特急件是指含义极其重要且需要立刻处理和传递的文件。

二、高校电子文件的制作

（一）高校电子文件制作原则

第一，高校电子文件的存储应为分层多级的结构。

第二，高校电子文件和其所在目录的名称应尽可能体现比较丰富的信息。

（二）高校电子文件制作步骤

通常，为特定任务创建的多个电子文件都应该集中存储在文件夹里，以文件夹作为主要目录，与该任务相关的文件被称为"一级目录"。目录的命名应当体现出这项工作的核心内容。

"二级目录"就是在一级目录之下，将各种文件分类整理，并将其存储在不同的目录之中。二级的目录应该简洁明了，能够明确表明各种分类的意义。

一般情况下，在最终定稿电子文件时，往往会经历多次修改，为了避免多次修改而遗漏信息，保留原始文件和所有修改记录是非常重要的。因此，在二级目录下，应建立相应的"三级目录"来区分。在三级目录中，通常会根据文件的属性或时间等特征进行命名，如可以使用"20020706"或"工作组照片"等方式进行描述。每次要修改文件的时候，需要在一个以日期为名称的文件夹下创建一个新的文件夹，并将需要修改的文件复制到新的文件夹中再进行操作。

一般来说，电子文件应该储存在三级目录的层次结构中。为保证文件分类检索的功能，不建议创建过多的分级目录，除非出现特殊情况。

文件的命名要能充分将文件的相关信息反映出来，一般情况下，文件名应该与文件中的标题相一致。

三、高校电子文件的管理原则

（一）统一管理原则

在电子文件管理方面，有时候需要处理比传统纸质文件更为烦琐的任务。电子文件不必像纸质文件一样进行集中管理，因为它们具有电子计算机技术、网络技术和通信技术的特点与功能。必须先将电子文件转化为电子档案，然后才能将其集中储存于档案馆（室）。要实现电子文件的统一管理，首先需要确立一套统一的制度，自电子文件生成起，就需要通过持续的人员管理和相关处理操作，确保电子文件的产生和处理都符合规范；其次建议采用一种整合推广文档的软件，这样就可以把电子文档流转和信息共享，同时用它来构建一个能够管理文档的软件平台；最后要认识到电子文档的真实、安全、完整和有效的重要性。需要采取一系列措施来保障网络设备的安全、数据的保密性、防范非法访问和操作等。这些措施应该符合系统安全和保密等级的要求，包括使用安全网络设备、加强数据安全保护以及建立身份识别等操作安全保障措施。

（二）全程管理原则

管理电子文件是一种综合管理方法，在高校中需要全程实施。高校电子文件的全面管控采用系统性的管理方式，以"大文件"为核心理念，侧重于协调和整合电子文件在整个生命周期内的各阶段管理活动和管理要素。其次，高校电子文件的管理是一种过程控制，其核心在于通过管理过程来控制结果。为了保证高校电子档案在其整个生命周期中都能得到严格的管理，管理者应该贯彻全程管理原则，并在确定电子档案管理体制和模式、设计和运行管理系统、制订管理制度内容以及实施等方面积极采取措施。

（三）前端控制原则

现代文件、档案管理理念中的重要内容是前端控制。前端控制基于文件生命周期理论，将文件的生成、保存和销毁等不同阶段视为一个完整的过程，其重要性有两个方面。

第一，采用前端控制措施可以有效实现高校电子档案的真实、可靠、完整和长期可读。为了避免电子文件在出现错误后无法挽回的情况，最好在可能出现错误的任何环节之前采取预防措施。

第二，前端控制的主要作用是对管理功能进行优化，同时提高管理的效率。在对文件和档案管理流程重新进行设计时，需要注意的是，不能仅仅简单地复制手工管理流程，高校电子文件管理系统应该在业务流程的基础上，严格遵守科学、有效的原则进行设计，这样才能使得文件与档案管理变得更加科学且高效。

（四）真实性保障原则

高校电子文件的真实性指的是，不论经过何种传输、修改或迁移，其内容、结构和背景信息均能保持不受篡改，完全符合原始形成时的状态。若要使高校电子文件具有有效性和法律性，必须确保其真实性，才能让高校电子文件真实反映历史情况，并被长久地保存为社会记忆。

（五）完整性保障原则

高校电子档案的完整性可以从两个方面加以理解：第一个方面是包括各种有机相关的电子文件及其他形式文件应当记录社会活动的真实情况，且数量齐全；第二个方面是所有电子文件均包含其完整内容、结构和相关信息，没有任何遗漏或漏失。高校电子文档的基本要素包括载体、内容、物理和智能格式、活动、人员、背景等。

（六）可读性保障原则

高校电子文件的可读性是指在电子文件经过多次操作之后，不仅文件内容不会发生任何变化与失真，而且还能呈现出便于人们理解与识别的方式。可见，高校电子文件的可读性是其保存和存在价值的基础。

第四节　高校纸质档案的数字化建设

一、高校纸质档案数字化的内容

高校纸质档案数字化应该包含两个方面的内容：资源体系建设和技术平台建设。资源体系建设的主体即纸质档案数字化，以高校为例，根据中华人民共和国教育部令第 27 号规定，文件材料的归档范围包括了党群、行政、学生、教学、科研、基本建设、仪器设备、产品生产、外事和财会等方面。另外，需要留意的是，文件归档的形式很多，涵盖了纸质文件、电子文件、照片、胶片、录像和录音等多种形式。高校档案数字化信息资源建设的关键部分之一是将电子文件资料进行归档，这部分内容对于未来数字化档案信息资源建设的完整性也非常重要。

技术平台建设其实就是高校档案数字化过程中的软件和硬件建设。推动纸质档案数字化的内在动力就是发展成熟的数字化技术，高校纸质档案数字化基础设施建设是至关重要的，直接关系到高校档案数字化的整体建设水平，因为高校纸质档案数字化建设的基础设施主要包括计算机、路由器、存储器、交换机、服务器、信息安全系统、操作系统及数据库管理系统等。整体规划高校纸质档案数字化基础设施建设包括建设数字化网站及硬件平台，因此，网站及硬件建设是数字化建设的基础，而软件建设则是数字化建设的关键。

二、高校纸质档案数字化的意义

随着网络技术的不断成熟，利用网络终端（手机或计算机）上网已经成为现代人生活中不可或缺的重要组成部分，也是获取信息资源的主要手段和途径。因此，为满足人们对档案信息资源的需求，必须将纸质档案数字化，并将其列为今后高校档案资源建设的重要任务。要使高校纸质档案数字化成功，必须应用现代科技设备和技术手段。只有将馆藏资源、存储、服务和管理等方面实现全面数字化，才能确保高校档案馆数字化工作稳固可靠。这意味着人们可以通过智能手机等互联网设备来快速有效地利用高校数字档案资源，这将对人们的生活和社会文明产生重大的影响。

三、高校纸质档案数字化的模式

通过对高校纸质档案数字化工作任务进行分析，可以总结出高校纸质档案数字化模式由三部分构成。

（一）建设纸质档案数字化数据库

建设纸质档案数字化数据库是指高校在建设纸质档案数字化的过程中，将纸质和其他载体形式的馆藏档案文件资源通过现代化的传输设备将其转换为数字化档案资源数据库。

（二）分年度逐年完成档案数字化工作

分年度逐年完成馆藏实体档案数字化工作是指由于馆藏档案年代久远，数字化工作量大，应该有序进行，通过反推方式逐年完成馆藏档案资源数字化工作，以确保内容的完整性、准确性和规范性。

（三）根据重要程度和利用频率优先数字化

这一模式主要是指对于那些重要的、利用率高的纸质档案，要有计划、有条不紊的优先将其数字化转换。高校的纸质档案数字化转换并不是简单就能完成的，因此，必须有计划、有步骤的按照纸质档案数字化方案进行。

四、高校纸质档案数字化需要注意的问题

（一）避免盲目性

高校纸质档案数字化应以利用者需求为中心，以实现资料数字化、充分利用计算机软硬件、发挥人力和数字化加工设备的能力为主要任务。在这个过程中，必须保证纸质文件没有损坏，数字化档案中的信息资源必须真实准确，以便发挥最大的作用。对于高校纸质档案数字化工作而言，将所有纸质档案进行全面数字化可以说是最完美的方式，以此来保护和继承人类珍贵的文化遗产。尽管如此，大量未经过鉴定或尽管鉴定

结果已出却未被销毁的纸质档案，一直保存在高校档案馆馆藏中。把所有纸质档案变成电子版不仅会增加档案馆的管理和维护工作量，同时也需要大量资金支出，属于无谓浪费。因此，高校在数字化纸质档案时应考虑科学性原则，并根据实际情况对馆藏纸质档案进行筛选，决定哪些档案需要数字化。在高校数字档案馆的建设过程中，应该以人类利益为出发点，将重点放在数字化涉及师生的纸质档案上。其次，需要优先考虑数字化那些具有馆藏特色、地方特色的档案及馆藏珍本，同时也应优先考虑数字化那些用户急需、利用率高的馆藏纸质档案。

（二）理顺电子档案与纸质档案之间的关系

数字化是传统档案走向数字档案的必要过程。数字化纸质档案是一种常见的处理方式，可以满足存储和利用等方面的需求。这个过程涉及将纸质档案数字化，生成电子档案。纸质档案是以实体形态存在的原始馆藏档案，其作为历史真实的见证，拥有不可替代的法律效力。此外，纸质档案还具有电子档案所不具备的长期和永久保存优势。不过，由于存在一些限制，高校无法迅速广泛地为教师和学生提供利用服务，限制了馆藏纸质档案的价值。电子档案可以充分发挥网络优势，迅速在广泛的范围内传播档案信息，实现远程共享档案信息资源。因此，将高校的纸质档案转换为数字档案存储的方式已成为档案管理工作适应信息化发展的必然趋势。鉴于目前电子档案法律地位尚未明确，同时电子档案存在技术上无法解决的缺陷和安全隐患，暂时无法单纯依靠电子档案。另外，由于目前纸质和电子档案仍处于转型的过程中，因此唯一可行的解决方案就是同时对电子文件和纸质文件进行归档。这意味着将电子文档和纸质文档看作是一个档案的两个部分，要给予它们同等的地位和价值。在不损失纸质档案的凭证和依据功能的前提下，充分利用电子档案资源的共享性，使两者相互促进并达到完美互补的效果。

（三）电子档案的真实性与安全性

高校电子档案的真实性与安全性是指高校档案信息在其整个生命周期中得以在保持完整性和精确性的同时，不受任何恶意或意外因素的干扰、篡改或泄露，以确保高校档案信息的真实性和安全性。电子档案具有整体复制和难以留下痕迹的特性，这种易于篡改的特性使其容易被不法分子恶意利用。电子档案的操作过程相对隐蔽，这就导致难以对其进行可靠的鉴定和真实性认定。除此以外，电子档案还需要依赖网络环境，如果发生安全问题，就会直接影响到其可信度。随着现代科技的发展，电子档案作为凭证的可靠性正面临着巨大的挑战。

要确保电子档案的有效性，必须确保它们的真实性和安全性得到保证。在高校电子档案生成时，必须进行严格的监管，并跟踪记录所有操作。需要确定负责执行高校电子档案真实性鉴定及制订高校电子档案安全管理规定的部门和责任人，并确立严格的执行要求。在高校电子档案管理系统中，建立一个有效的操作权限管理体系，以完善电子档案的流转跟踪和登录管理。高校电子档案管理系统的操作权限应根据信息安全、人员职责、设备管理等因素进行合理的划分。同时，需要及时建立可靠的数据备份并储存到脱机异地，以确保高校电子档案的安全性和可靠性。

第四章 信息化背景下高校档案管理创新研究

本章为信息化背景下高校档案管理创新研究，依次介绍了信息化背景下高校档案信息的安全措施、基于智慧校园的智慧档案馆建设研究、基于新媒体的高校档案管理创新研究三个方面的内容。

第一节 信息化背景下高校档案信息的安全措施

近年来，互联网已经融入人们的日常生活中。对于文件管理部门，可以借助互联网更加有效和快速地执行文件的存储、发送和接收。目前，电子文件已经成了一种发展趋势。文件管理部门可以通过将文件存储在云中来扩展文件的通信空间，以便需求者可以在第一时间快速地检索到他所需要的文件。然而，正是这种速度也为一些犯罪分子提供了犯罪的机会。网络本身是开放和虚拟的，某些恶意软件或者黑客可以轻松利用此漏洞攻击、恶意读取或者修改文件。因此，文件网络管理中的信息安全已成为文件管理的重点。

一、高校档案管理面临的安全问题

互联网技术的发展为人们的生活带来便利，并且随着互联网技术的普及，计算机网络在信息交流中的发展也越来越重要，其发展不仅已融入社会生活的各个领域，同时也在档案工作中有所涉及，将网络化管理运用在档案管理与档案信息服务中是今后档案业务发展的重要趋势。网络化在档案业务中的应用是具有双面性的，既能为档案业务的发展带来新的机遇，也能为其带来新的挑战。档案信息面临的安全问题是主要挑战之一。为了应对这一挑战，档案部门已经建立了局域网和互联网档案站点，并且也取得了显著的成效，但是由于计算机具有开放、共享的特征，这些特征使得其面临的安全问题更加多样。

（一）安全保密问题是最大障碍

为了解决信息安全与保密的问题，已经在这一方面运用了各种较为成熟的方法与技术，如网络防火墙技术、反病毒与病毒检测、物理隔离公共网络与内外部网络。但由于计算机网络是一个具有开放性的系统，仍然难以阻挡"黑客"的攻击。通常情况下，只要是在公共网络上，任何一台计算机终端都能通过这一媒体进行非法访问。因此人们应该重视安全和保密问题，这才是档案信息网络管理的关键。

（二）影响网络安全的因素

一般认为，网络安全最核心的问题就是要保证网络系统内的软硬件及数据受到适当的防护，避免突发事件或者恶意攻击等造成网络安全缺陷、数据修改与信息泄露，从而保证了信息系统的连续、稳定、正常运行。但在实际网络环境中，往往存在着硬件损坏，系统软件或者应用软件存在缺陷，计算机病毒及黑客攻击等等，这对网络安全性构成了直接威胁，具体表现为以下几点。

1. 容易被忽视的物理安全因素

要想确保整个计算机网络系统的安全，就需要先确保文件信息网络中各种设备的物理安全，设备的物理安全主要包括文件信息网络所处的环境的安全保护，如设备安全、媒体安全、区域保护和灾害保护等。

2. 内部或外部的非法访问

无论对内或对外的非法访问都会造成对网络的非法修改与恶意攻击，进而危及文件信息的安全。这些非法访问主要有网络管理员对用户权限分配不合理、对用户密码甄别不严及外部黑客入侵。

3. 难防的计算机病毒侵害

通过网络传播的病毒在破坏性、传播速度及传播范围方面是单机病毒无法比拟的，网络中的所有终端和信道都可以成为病毒的有效攻击点。

4. 普遍缺乏基本的备份系统

建设档案信息网络特别是基层档案信息网络时，通常为了节省经费，而不建立同步备份系统，忽视其带来的重要意义。如果突发网络安全问题，那这些原本所储存的信息就无法被还原。

5. 网络安全意识薄弱

档案管理人员牢固树立起档案原件保管安全意识，把档案馆安全工作看成是头等大事，但是在对文件信息进行管理时，极易忽略档案信息网络安全问题。

（三）走出网络安全认识上的误区

误区一：局域网上运行的计算机是安全的。

通常情况下局域网可分为两类：一是单一路由器和多台交换机构成的小规模网络；二是经过代理服务器访问互联网的计算机。在这两种网络结构中，都会有一个出口，也就是网关，上述第一类的网关是路由器，第二类的网关则是代理服务器。网关作为一般设置，通常具有相应防火墙及端口管理功能。这两种功能需要人们经常去调整，这样才能防止最新的病毒入侵。此外，当人们在网络上浏览时，可能会不经意地点击他人设置的"病毒文件"，这种情况下，网关很难有效地抵御病毒的侵入，这就导致了网络安全问题。因此，认为局域网内的计算机是安全的看法是错误的。局域网里的所有计算机用户都要遵守一定的规则，工作人员需要像其他计算机一样，设定自己的安全等级，安装防病毒软件、杀木马软件和反间谍软件，并始终谨慎地查看在线信息。

误区二：如果未连接到互联网，则局域网上的计算机是安全的。

尽管局域网内的计算机在未接入互联网的情况下风险较低，但它们不能确保网络内的每一台计算机都是安全的。计算机往往可以和外部信息交互，例如访问文件传输协议（FTP）、网络邻居和使用诸如通用串行总线（USB）闪存驱动器或者音乐播放器（MP3）等移动存储工具等。如果网络中的计算机通过这些方式被网络病毒感染，那必将会影响整个局域网络中的计算机系统。

误区三：安装更多的防病毒软件就会没有问题。

通常，用于查杀病毒的软件编程往往会在病毒生成后才会发现。因此，大家需要清楚地认识到，没有任何一款专门用于病毒检测的软件能够有效地对抗计算机病毒。许多杀毒软件无法完全消灭病毒，而常规的杀毒软件也很难完全消灭间谍软件。

防病毒软件的主要目的就是及时检测计算机中的病毒，并防止其出现。如果在计算机中安装过多的防病毒软件就会带来许多不便。防病毒软件由于具有监控程序及防监控功能，因此当一款防病毒软件尝试对进出计算机的所有过程进行监控时，若碰到其他防病毒软件，它们之间可能存在着相互干扰，甚至会出现杀毒软件相互误判的现象。

误区四：如果系统平台经常更新，系统平台就不会被感染。

在系统的漏洞补丁被检测出来之前的一到两周时间里，系统的漏洞就已经发生了。在这段时间里，如果这些漏洞被计算机黑客所利用，那么可能会带来非常严重的后果。此外，许多人错误地认为只有关键和紧急的补丁才需要及时修补，这一错误的认知使得普通的补丁经常被忽略，进而为黑客入侵创造了机会。

误区五：在线扫描或在线杀毒没问题就说明系统安全。

与所有的防病毒软件一样，在线扫描或者在线查杀病毒也是不可能对所有的病毒都能有效的防范。杀毒软件所提供的在线病毒检测服务及其他相关服务往往被认为是宣传和营销其产品的工具，核心目的在于更加高效地营销这类产品。

二、高校档案信息安全领域现有的安全措施

（一）电子档案信息认证与恢复技术

1. 签名技术

在电子档案中，数字签名技术通常有两种类型：一种是手写式签名；另一种是证书式签名。手写数字签名是指可以在屏幕上用光笔或者在手写输入板上使用压力敏感笔签名，通过这种方式，能够模拟出在纸质文件上的签名方式，换种方式来说，手写式签名就是一种定制的软件模块能够镶嵌在文本处理软件中。证书数字签名是指发件人使用其密钥对文件进行加密处理，生成字母和数字混合的字符串，也就是所谓的"字母数字签名"，并将其伴随文本发送出去。

2. 加密技术

确保不泄露电子文件中的内容是加密技术的一个重要功能。在数据传输过程中常使用"双密钥"技术，这种技术包含多种加密方法。一般情况下，网络中的加密通信器都会配备一对密钥，包括加密密钥和解密密钥。这种设计通过使用复杂的加密算法，确保即使有人获取了传输中的密文，也无法轻易地解密其中的信息，因此能够高效地保护传输的电子文件。加密密钥是公开的，而解密密钥则被严密保护。发送者使用接收者的公开密钥来发布信息，接收者用仅自己知道的密钥对接收到的信息进行解密。

3. 身份验证

为每个合法用户提供代表其身份的"口令"（由字母、数字或者是特

定的符号组成）是研究和使用最广的身份认证方法。在用户启动系统访问之前，需要进行"口令"验证。计算机会比对口令和存储在机器中的用户相关数据。只有经过身份验证合法的用户，才可以进入系统并使用相应的服务。如果不满足要求，将无法通过审核。为了保护系统数据和文件的安全，并防止未授权的人员访问或破坏，银行系统采用用户密码认证，文件管理系统则使用管理员代码认证。

4. 防写措施

计算机的外部存储器有一种称为只读光盘，用户只能读取信息而不能添加、修改或者删除它。这种只读形式的光盘来源于一次性写入光盘，用户只能对此光盘进行一次性写入，但是可以多次读取信息，只是没办法添加其他记录，也不能把原有信息擦除。由于这种一次性写入光盘的方式，具有不可逆记录的性质，所以能够有效防止用户改变记录的信息，从而保证了电子文件内容的有效性和安全性。在目前大量的软件配置中常出现"只读"方式，它保证用户能够从文档或者软件上获得数据而又不能对其做任何改动。

5. 硬盘还原卡技术

硬盘恢复卡是一种外设组件互联标准扩展卡，主要用于保护计算机操作系统的安全，它的主要功能是有效地恢复存储在硬盘中的数据。用户在使用硬盘还原卡之后，可以自由地编辑、修改和删除硬盘中的电子文件和资料。当计算机重新启动时，硬盘将恢复到其原始状态，并对用户的所有操作进行删除，不留下任何记录，这有助于维护硬盘内的数据和电子文件的完整性。

（二）电子档案防病毒技术

1. 计算机病毒的产生

计算机病毒是计算机程序特有的一类病毒，不仅有一定的破坏性而且还能自我复制，无需授权即可对数据文件或者可执行文件执行侵入操作。在 20 世纪 80 年代中期就已经出现了计算机病毒，而在近几十年来病毒数量激增，网络病毒渐渐流行起来，电子邮件、数据包等携带的病毒也不断上升，使计算机病毒防范与管理显得格外迫切，并且保障电子文件安全也已成为紧要职责。

2. 计算机病毒的防治

为了有效地遏制病毒传播，需要实行"预防为主、防治结合"的策略，防止病毒感染系统内部软件，同时也得防止现有病毒向其他计算机扩散。为了抵御病毒的威胁，必须采取措施来防止其具有潜伏性和传播性等危害性行为，如记忆驻留方法和感染途径等。

3. 尝试运用多种软硬件技术

一旦发现病毒的痕迹，应立刻用杀毒软件对病毒进行查杀，重启计算机，如果还有问题，需及时咨询专业人员或请专业人员进行处理。要特别注意重要数据的保护，将数据储存至安全且机密的地方，需选用相应的软件工具。此外，还需要确立严格的病毒防范条例，其中包括定期或不定期地对硬盘和系统进行扫描、频繁备份要紧的数据和系统磁盘及定期对病毒检测软件、杀毒软件等进行更新。

（三）电子档案信息备份

信息备份是一种有效的信息系统损坏或崩溃的恢复方法，是确保信息安全的重要辅助措施。

1. 备份技术

备份技术一直在不断升级，最初的复制方法已经逐渐演变成更先进的技术，如磁盘镜像和磁盘双工，还有镜像站点、服务器群集等高级技术及灾难恢复解决方案。磁盘镜像可以被持续更新并以同一类型文件进行存储，它具有位于同一通道上的两个磁盘驱动器和盘片。假设有两个硬盘，一个发生故障，而另一个则可以独立运行且不受影响。通过在两个通道上对磁盘进行镜像备份，在磁盘或通道出现故障的情况下，仍可确保文件的安全性。

2. 备份管理制度

电子档案管理员对于以下四个方面应当多加注意。

第一，明确备份方式。对于不同的备份方法要有一个明确的认识，静态数据一般会每隔一段时间进行一次备份，而实时系统则需要实时备份，以避免系统崩溃或者计算机死机而造成损失。

第二，需要选择备份的形式。按照备份不同的类别分类，可以分为完全备份、增量备份和集成备份等。依据状态来分，备份可以分为离线备份和在线备份。此外还可以按照日期分类，按天、周、月等不同时间间隔进行备份分类。

第三，确定备份设备。根据设备特性和单位实际需求，可以采用不同的存储设备组合，包括磁带机、磁盘阵列、U盘、硬盘及其他设备。

第四，形成备份制度。需要建立明确的规程和制度，以确定数据存储的位置、备份方式和恢复策略等关键问题，确保备份的智能化恢复和对灾难的有效恢复。另外，如果可行的话，还可以考虑使用更高级的技术，如集群服务器技术和创建镜像站点等。

综上所述，需要考虑多方面的因素来确保备份系统的完整性和安全性，以确保系统能够顺畅地运行，这样才能建立一个高效且全面的备份系统。

（四）电子档案网络传输信息安全技术

1. 防火墙

防火墙作为一种网络安全措施，通过在系统与外部网络间设置屏障，防止未经授权的信息资源访问以及避免机密信息和专利泄露。

2. 虚拟专用网络

虚拟专用网络是一种专门用于传输电子档案的网络。该技术的优势在于其安全的连接能力，特别适用于电子数据交换。在一个虚拟的专属网络中，文档传输的双方互相了解，并且它们之间的数据传输非常大。如若双方均达成共识，便可在虚拟专用网络上选用更为复杂的私有加密和认证技术，此举将有助于显著增强电子档案在传输过程中的安全性。

3. 网络隔离计算机技术

深圳市宏网科技有限公司发明了一种网络隔离安全计算机，它可以在一台计算机上实现内部网络和外部网络两种功能，内部网络是内部安全网络，外部网络是互联网。这种计算机可以确保在外部网络受到攻击和破坏时内部网络是安全的。

第二节　基于智慧校园的智慧档案馆建设研究

一、智慧校园

自 20 世纪 80 年代启动信息化建设以来，高校一直在努力推进数字校园的发展，多年的持续努力使得高校的信息化水平得到了显著的提升。在数字校园建设方面，高校已经启动了在教学、科研、财务、档案、资产等主要业务领域的信息化建设。在各种新兴技术的普及与发展的背景下，高校信息化的发展也将会呈现出良好的发展态势。当前业界普遍接受的智慧校园定义来自清华大学的蒋东兴教授，即"智慧校园是高校信息化的高级形态，是对数字校园的进一步扩展与提升，它综合运用云计算、物联网、移动互联、大数据、智能感知、商业智能、知识管理、社交网络等新兴信息技术，全面感知校园物理环境，智能识别师生群体的学习、工作情景和个体的特征，将学校物理空间和数字空间有机衔接起来，为师生建立智能开放的教育教学环境和便利舒适的生活环境，改变师生与学校资源、环境的交互方式，实现以人为本的个性化创新服务"①。与传统数字校园相比，智慧校园的主要特点包括以下几个方面。

（1）互联网络高速发展

数字校园的发轫正是源自校园网络建设，智慧校园比数字校园更加强调移动互联。智慧校园时代不仅关注人与人之间的连接，还关注人与物、物与物之间的连接，物联网技术的快速发展，为智慧校园提供了基础。

智慧校园对信息及时性的要求也大幅提升，实时反馈、随时随地智能服务的能力，都要求高速发展的互联网络。

（2）智能终端广泛应用

移动设备近年来得到了爆发式的增长，在校园内日益普及，已经具备了随时随地的计算、信息获取与感知能力，人们可以与物品进行互动。许多智能感知技术已被广泛利用，其中涵盖了多种不同类型，如重力、温度、红外线、体态、压力、位置和光线等。以前只能通过主观的描述来了解校园环境和活动，现在可以利用智能感知技术对这些进行量化描述，这为建设智慧校园提供了坚实的基础。

（3）团队协作便利充分

在智慧校园中，大量的协作是非常必要的，需要团队合作，并且涉及统一通信、日程共享及团队协同等方面。统一通讯为师生提供了集成一体化、多渠道、多模式、多终端的通信服务；日程共享通过时间线索来组织各种资源、活动和信息；团队协作平台为师生们提供交流与协作工具，让大家能够分享知识和共同工作。

（4）集体知识共生共荣

实施智慧校园计划的一个基本要素是知识体系的建立。该系统使大学内部的各种信息可以被访问、创建、共享、集成、记录、存储、更新

---

① 蒋东兴，付小龙，袁芳，等. 大数据背景下的高校智慧校园建设探讨［J］. 华东师范大学学报（自然科学版），2015（SI）：119-125，131.

和创新，从而使信息在系统内持续循环和反馈，累积为集体知识、集体智慧，提升整个校园的智慧水平，实现集体知识共生共荣，推动高校的知识创新。

（5）业务应用智能整合

智慧校园的发展方向不同于传统的数字校园，它强调信息化架构的开放、整合和协同，摒弃了业务分割和相对封闭的做法。智慧校园借助云计算和大数据等技术，能够存储、计算和分析海量数据，从而提升决策支持的能力。

（6）外部智慧融会贯通

高校在当今社会，特别是数字视角下的社会中，不是孤立的，越来越需要和外部世界融会贯通，需要外部世界的支持来推动学校的可持续创新进程。随着互联网的高速发展，"外部智慧"也得到了飞速提升，高校需要从外部智慧中发现技术进步发展的趋势、经济社会发展趋势，甚至是教育变革的发展趋势，并将之融入高校的发展规划，保证高校的可持续发展。

二、智慧档案馆

档案，不仅是人类智慧的沉淀，更是智慧启迪的引擎。上至国家的发展战略、城市管理模式，下至高校的发展规划，都离不开档案，特别是信息化快速发展的今天，档案的公共服务性和社会管理性就显得更加重要。

随着智慧生态如智慧城市和智慧校园的迅速发展，档案馆正朝着以智慧化管理为主的全面模式发展，强调管理数字化的馆藏档案资源。随着这种新理念的出现，智慧档案馆正在逐渐取代传统数字档案馆的地位。数字档案馆通过数字化处理和存储传统的纸质档案，利用电脑和互联网实现公众方便地检索和利用档案信息，使得档案信息得到了数字化的解放。智慧档案馆是一种创新型的档案馆，它利用了先进的科技，如云计算、大数据和物联网等，能够智能地管理档案信息及其载体，并且提供智能化的服务给使用者。这种新型档案馆管理和运行的方式和模式是全新的，是随着档案管理理论和实践的不断进步，符合社会变革和服务演进的深层次需求。数字档案馆和智慧档案馆的本质区别包括以下三个方面。

（一）硬件设施

一般情况下，传统的高校档案馆在建造之初，为了确保周边环境的安全，都会配备监控系统，如安防与门禁等。在档案库房还会采用空调或传统的湿度调节设备等装置控制环境，因此当这些装置出现问题时，就需要手动检查与分析。而智慧档案馆是将物联网感知技术用在档案馆中，不仅能够对馆内外的环境进行全方位的监测，同时还能实时搜集各种信息。借助智慧校园管理网络，实现对所采集数据进行数字化处理与分析，以打造绿色、节能、有效的智慧档案馆。

（二）软件服务

在数字化时代的背景下，高校档案馆为了适应时代发展潮流，不仅对新增的档案文件进行了电子化处理，同时也在努力推动档案资源的数字化进程。另外，高校档案馆还可以开发多种档案信息管理系统，这样不仅能更加有效管理档案资源，还能便于对档案资源进行检索，同时也能为用户提供电子化的档案信息。智慧档案馆的主要功能是利用智慧校园云服务中心与档案馆的计算机网络设备相结合，确保电子化的档案信息能够存储在云端，从而保障信息备份的安全性。

（三）人员队伍

数字档案馆的正常运作离不开多种档案管理系统的支持，因此，从事档案管理工作的专业人员必须具备扎实的计算机技能、熟练的档案管理系统操作技巧以及出色的业务能力。在智慧档案馆中，所有与之相关的人员都要加强计算机运用技能，包括所有的领导、行政管理人员、档案管理人员以及互联网技术（IT）服务人员。尤其需要注重加强 IT 服务部门员工的档案专业服务技能和档案管理人员的 IT 技术能力，以确保技术团队的实力，并为智慧档案馆提供高品质、高效率和便捷的运营服务。

三、智慧校园中的智慧档案馆

智慧校园与传统的数字校园相比更注重将物理校园和虚拟校园融合在一起。为此，智慧校园采用大数据、智能感应和智慧应用等信息化技术，建立了一个支撑平台，旨在实现不同技术的有机融合。智慧校园和智慧档案馆的发展之间存在相互联系，因此在建设智慧档案馆时，应该考虑与智慧校园的框架相协调。在此过程中，需要特别注意以下几个问题。

（一）合理利用云计算等新兴信息技术工具

和传统的数字校园、数字档案馆相比，智慧校园、智慧档案馆是个更加开放、整合、协同的信息化架构，正需要云计算技术所提供的可动态配置资源、高可扩展性、按需服务的模式。和智慧校园架构中的其他组成部分相比，档案馆是信息的高度聚集地，传统的信息处理技术还不足以将这些信息的价值充分释放出来，云计算、大数据等新兴信息技术的飞速发展，正是这些信息价值得以展示的最佳时机。大数据技术最核心的机制在于对海量数据进行存储和分析，智慧校园需要智慧档案馆基于这些海量数据分析感知校园、展开智慧的应用，云计算和大数据已经向我们提供了强大的技术支持，如何对档案馆中的海量数据组织、建模，正是智慧档案馆建设中的核心问题。与此同时，站在智慧校园的平台之上，如何利用云计算、大数据手段对馆藏档案资源进行智能化管理和分析，把庞大档案资源的最大价值体现出来，也是摆在我们档案人面前的首要课题。

（二）整合档案信息资源建设智慧档案馆

无论是智慧校园，还是智慧档案馆，都要求架构更加开放，业务系统更加灵活，以适应业务中的改变。现有的数字档案馆建设中，许多异构系统之间的数据仍然使用各自独立的数据模式、元数据模型，将相对独立的源数据集成在一起通常需要大量的工作。随着智慧校园的发展、信息建设的深入，不同应用之间的功能界限正在变得越来越模糊，随之带来的全校甚至全社会的信息整合正在变为可能。智慧档案馆将在智慧校园的框架之下，集成全校教学、科研、行政等方面的完整信息，以数据无缝对接的方式合理共享这些信息，不仅将繁琐的档案征集工作变得简单便捷，而且提高了档案信息的完整性和准确性。这些档案信息进入档案馆数据库可以丰富和补充馆藏档案，并向用户提供最及时的档案信息服务。

（三）体现人性化、精细化的智慧特征

智慧档案馆要求不断增加馆藏资源的深度和广度，持续性地提供越来越人性化的档案服务，增进档案管理的精细化程度，以体现更多的智慧特征。在档案征集过程中，需要在已有工作模式积累的基础上，借助云计算和大数据手段获取档案资源，为智慧校园、智慧城市等智慧生态提供更加扎实的知识积累。在档案管理过程中，应当利用智慧档案馆提供的软硬件设施，对馆藏档案进行精细化管理，提高管理效率；在档案利用过程中，必须提高信息获取的便捷度，借助云技术手段使异地查阅变得安全和准确，大大降低利用者的阅档成本；在档案传播过程中，智慧档案馆将依托智慧校园框架，把档案以丰富多彩的方式呈现出来，通

过分析用户兴趣需求来实现主动推送的可能。

智慧校园的发展，不仅为智慧档案馆提供了机遇，也提出了很多挑战。智慧档案馆如何借助智慧校园所搭建的信息高地这一平台，将自身所潜藏的信息价值充分地发挥出来；智慧档案馆的发展如何更好地支撑智慧校园建设，"反哺"智慧校园的数据构建，这些问题不仅是高校档案馆界的重要课题，也是高校信息化领域的热点。

第三节　基于新媒体的高校档案管理创新研究

数字化时代，新媒体发展迅速，优势日益显现，新媒体的应用给人们的生产和日常生活带来了深刻的变化。随着新媒体的发展，高校档案管理方式也随之转型，但与此同时也面临着新媒体所带来的各种挑战。

高校档案管理的核心是有效管理高校各类活动所获得的信息资源，包括教育、教学、科研等领域。高校的可持续健康发展取决于这些资源，并且这些资源是高校历史发展的真实见证。高校档案管理工作的有序安全推进，对于高校及整个社会的信息记录和发展，都具有不可忽视的重要作用。因此，高校档案管理在维护高校秩序、推动社会发展进步等方面具有极其重要的作用。随着科技的不断进步，高校档案管理在新媒体环境中面临着全新的挑战和需求。随着社会的进步，传统的档案管理逐渐失去了其适应现代社会需求的能力。随着新媒体时代的到来，高校档案管理需要紧跟潮流，积极推行转型策略，增强应用新媒体、互联网和大数据等信息技术的能力，以促进档案管理工作走向数字化和科学化[1]。

---

[1] 韩知霖. 基于大数据环境下高校档案信息化建设的问题及对应策略分析 [J]. 计算机产品与流通，2020（7）：217.

一、新媒体概述

联合国教科文组织最初将"新媒体"定义为网络媒体，现在普遍认为，网络媒体属于新媒体，与传统媒体相比，新媒体代表了一种新型媒体形式。鉴于新媒体重视数字化的信息传播手段，新媒体也可以看作是一种数字媒体，互联网平台是新媒体信息传播的主要支撑。在这种情况下，广播相对于报纸，广播即为新媒体；互联网被称为新媒体，是因为它相对于电视而言是一种更新迭代的、不断发展的媒介。新媒体没有固定的最新状态，而是不断地更新换代。随着信息技术的发展，新媒体已经成为非常重要的信息传播方式。它的实用价值非常独特，同时表现出了交流互动、使用方便、定向传播等特点。这些特征不仅深刻地改变了人们的日常生活和工作方式，还使人们逐渐适应了通过新媒体接收和传播信息。

二、基于新媒体的高校档案管理与传统管理对比

（一）两者的区别

在新媒体的时代背景下，高校的档案信息大多以电子形式进行存储。这种存储方法不仅操作简单，而且只需借助计算机、网络平台和硬盘的支持，就能轻松地完成存储任务。此外，它的技术要求相当高，并且需要有一定的操作能力。然而在传统的高校档案管理中，通常是以纸质文件的形式保存档案信息，这种纸质保存的方式会受环境等因素而影响保存效果。所以新媒体时代的来临，极大改变了高校档案管理方式与存储方式。

（二）两者的共性

在高校的教学和科研工作中，教学工作者应当充分应用各种数据信息，并为实施相关重要事项提供强有力的支持。在此过程中，档案管理显得格外关键。因此，新媒体时代和传统时代的高校档案管理都旨在为高校相关人员提供实用的助力。

（三）两者的关联性

传统高校档案管理模式已经存在很长一段时间了，近年来，随着新媒体环境的崛起，高校档案管理逐渐呈现出数字化和科学化的趋势，高校档案管理在新媒体环境中得到了进一步的扩展和升级。

三、基于新媒体的高校档案管理面临的挑战

（一）观念上的挑战

传统高校档案管理观念认为，高校档案管理的重点是收集、整理和储存文件资料，并对档案的价值提出相关要求。因此，在管理过程中应该进行档案价值评估的前期工作。在新媒体环境下，由于档案数量处于海量级别，因此传统的档案管理模式已经无法满足工作需求。这也表明，现在进行这项工作会面临相当大的挑战，必须创新档案管理理念，并实施全新的管理策略，以确保档案管理的潜力被充分挖掘。这将有效提高高校档案管理的质量，为推进高校教育教学做出积极贡献。传统高校在管理档案时，通常采用纸质档案管理方式，但随着媒体环境的变化，如今更加强调档案电子化管理，这样可以更好地发挥档案的效用和服务功能。因此，高校档案管理人员需要更新他们的管理理念，以适应新时代的发展要求。

（二）技术上的挑战

在大学的档案管理通常是人工完成的，但是这种方式的问题在于管理的质量和效率的下降以及潜在的管理不善导致宝贵的记录损失。随着新媒体时代的到来，档案管理的发展趋势是向数字化和科学化方向发展。在这一趋势下，重视运用信息技术来推进档案管理的数字化和科学化，更深入地推动档案管理的不断进步。为了在档案管理方面实现更好的效果并为高校管理工作提供更可靠的支持，高校应借助专业技术，突破传统档案管理的限制。

保障高校档案信息的安全性是面临的一项挑战之一。为了达到这个目的，传统档案管理采用了各种方式，如人员管控、物理安全和技术保障等来保护档案信息。在如今的数字媒体时代中，档案信息不断向信息化方向发展，以更好地开发利用和整合存储。现今，传统的档案管理方法已经无法充分发挥其实质作用，同时也难以确保档案管理的安全有序进行。在新媒体时代，由于记录信息的主要形式是电子档案，因此可能会发生电子档案泄露、丢失等安全风险。一旦遭遇外部恶意程序攻击，档案信息很容易受到损害，甚至面临高风险状态。因此，在新媒体环境下，高校应该采取措施来保护档案信息的安全，建立健全的档案信息安全防护机制，提高高校档案管理的质量，推动高校档案管理工作的顺利开展。

（三）人才上的挑战

在传统高校中，档案管理要求档案工作人员具备专业素养和专业技能，同时保持适当的职业道德标准。随着新媒体时代的到来，档案管理员所面临的任务也变得更加复杂和繁重。为了为高校的档案管理工作提供可靠的人力资源保障，他们需要具备丰富的档案管理经验和熟练的信息化技能。因而，在新媒体时代，只有拥有高素质的档案管理人才队伍，高校档案管理才能够成功。只有加强对档案管理人才队伍的建设，培养更多高素质的档案管理人才，才能满足高校档案管理在新媒体环境下的需求。

四、基于新媒体的高校档案管理创新策略

（一）更新档案管理观念

高校档案部门需要提供高质量的档案利用服务，以满足教育教学、科研、管理、学生及校内外单位等方面的需求。随着新媒体时代的到来，用户对档案的需求呈现出更加多元化的趋势。现今，用户对档案查询和借阅等服务的期望已经过于多元化，传统的被动服务已经无法满足用户的需求。为了更加有效地推进高校的档案管理工作，我们首先需要加大宣传力度，特别是在现代档案管理和新媒体环境下的档案管理。这样可以增强高校管理层和档案管理人员的档案管理意识，进而促进档案管理工作的规范化和创新性。与此同时，有必要对传统的管理理念进行改革，以确保档案管理活动能够有序地进行。其次，高校应充分投入资源，推进档案数字化管理，并加强档案管理人员对现代化管理观念的学习，以确保档案管理的先进性。这将为高等教育机构的档案管理提供坚实基础，促进档案工作的科学化和数字化，提高档案利用效率和服务质量，更好地满足高校师生及社会多元化需求。

（二）革新高校档案管理模式

在新媒体时代，传统的人工档案管理方式已无法适应高校和社会的发展需求，需要进行档案管理模式的革新。为了适应时代发展需求并提高档案管理效能，高校需要创新档案管理方式，并积极利用新媒体、互联网、大数据等信息技术，促进高校档案管理信息化进程。

首先，高校应该充分考虑信息化档案管理模式的特性，建立完善的档案管理方案，并进行全面的统筹规划，以充分利用信息化档案管理模式的优势。建立信息化档案管理的组织结构、完善相应制度等，为有力推进信息化档案管理提供稳定的基础。此外，需要加强档案管理信息系统的建设和普及，为信息化档案管理打造一个有机的管理大环境，逐步扩大服务范围并增强其服务功能，以确保高校档案管理工作得以有序推进。

其次，高校应当推动档案资源的优化整合。我们需要从各个方面收集档案信息和资料，以满足高校和社会的发展需求，并保证可以充分开发和利用这些档案内容。为了更高效地进行档案整合开发，采取多种方法获取不同用户群体使用档案的需求，包括问卷调查和电话访谈等。在此基础上，根据这些需求进行了相应的档案资源整合开发。此外，高校的档案管理人员应该主动与用户进行互动沟通，提供各种多样化、快捷灵活的档案信息服务，以提高用户对档案管理服务的认可度和满意度。

（三）建立一体化的档案管理操作流程

目前高校在档案管理工作上，通常会与勤工俭学的学生进行合作，通过让专门负责档案管理的人员指导并培训学生，实现学校与学生共同管理档案的目的。在这套人员配置体系中，会有两名左右的学生负责专职档案管理，并且还会有几名学生进行轮岗和值班。在档案管理的过程中，由于每个人有不同的处理方式，所以其工作方式也会不同，档案管理的效果也会存在一定的区别。这种情况下就会出现由于部分员工的管理流程存在不规范的问题，进而会催生其专业性和服务性方面的问题出现，最终会影响高校档案管理工作的效果。考虑到这种情况，我们需要制订一个明确的时间表，确保所有部门都能准时完成档案的归档工作，同时档案管理团队也需要对信息系统进行有效的收集和输入，以确保档案系统的连续性。

（四）建立健全高校档案管理安全防护机制

无论何时，维护档案信息管理的安全性始终至关重要。因而，须加强高校档案管理信息安全的防范措施。在新媒体环境下，高校采用了信息化档案管理的特点，并结合《中华人民共和国档案法》《高等学校档案管理办法》等法律法规，建立了全面的档案信息安全防护制度，包括档案资源采集、档案信息传输、档案信息整合利用等各方面。通过参考《归档文件整理规则》，对按照年度、机构、保管期限分类的组件标准进行了调整。同时高校应该定期对档案管理人员进行法律法规培训，从而促进他们的法律素养和法律意识。帮助档案管理人员依据档案信息安全管理规范开展档案管理工作，保证高校档案管理工作安全可靠。

另外，要想保障高校档案信息的安全，要完善档案管理的信息安全防范机制，可以根据数字化档案信息的传输、存储、使用等特点来对其进行机制的完善。可以通过以下措施保障高校的档案管理信息安全，如定期对计算机与数据库进行检修、安装并定期维护信息化档案管理软硬件设备，此外还可以备份档案信息，以防止因设备故障或操作不稳导致的档案信息泄露或丢失。另外，高校还应采取用户访问权限策略来跟踪和记录用户过去的各种事件。

（五）加强建设高校档案管理人才队伍

在档案管理模式的选择上，无论哪一种模式都应该以人才为管理的重要因素。这是因为档案管理人员的综合素质决定了档案管理的信息化建设水平，因此，在高校档案管理信息化建设中，应该将档案管理人员的素质提升上来，这是十分重要且必要的。但是实际情况却是，如今的高校管理环境中，仍有许多传统的档案管理人员的知识老旧，跟不上时代的变化，这是传统档案管理者所面临的主要问题。因此，为了解决这一问题，高校应该为档案管理部门增加专业人才，为其提供更加可靠的人力资源支撑，进一步提高档案管理工作的效率。这也就促使了所有的高校都应该积极地为现有的档案管理人员提供培训，并为他们提供继续教育的机会，这样可以帮助他们更好地掌握现代档案管理的知识和先进的信息技术。此外，为了促进高校的档案管理向数字化和科学化的方向发展，各大高校可以引入那些掌握档案管理专业知识和信息技术的高质量人才，从而为高校的档案管理建立一支有着极高综合素质的团队，进而实现高效地采集和分析档案信息。

随着信息技术的普及和新媒体技术的不断发展，高校的档案管理正逐步向数字化和科学化的方向演变。如果高校想要与时代同步发展，那么对其档案管理体制的深度改革和创新就显得尤为重要。要实现高校档案管理的数字化和科学化，可以从几个方面着手：改变传统的档案管理观念、创新管理模式、构建一体化的档案管理运行流程、完善档案信息的安全防护机制等。这一系列的措施将有助于推动高校的档案管理向更高的标准和水平迈进。

第五章　高校档案管理信息化实践——数字档案馆

本章为高校档案管理信息化实践——数字档案馆，分为三部分内容，依次是高校数字档案馆建设概述、高校数字档案馆信息系统建设、高校数字档案馆资源建设。

第一节　高校数字档案馆建设概述

一、数字档案馆建设概述

（一）数字档案馆的定义

对于数字档案馆，不同的学者给出了不同的定义。部分学者从管理对象的数字档案区别于纸质档案的不同载体形式出发，指出数字档案馆是在档案信息化建设过程中通过现代信息技术形成的电子档案资源管理中心，是档案馆依托网络平台而存在的虚拟数字实现形式。朱小怡等人在《数字档案馆建设理论与实践》一书中，把数字档案馆定义为一种运用数字、多媒体和计算机网络技术所建立的档案馆或信息管理机构，其目的在于收集、整理、储存和发布数字化的档案资料①。这些机构不可或缺，因为它们是国家和地方各级政府信息化建设的重要组成部分。根据《数字档案馆建设指南》的定义，数字档案馆是一种利用现代信息技术进行数字化档案信息采集、处理、存储和管理的系统，其主要目的是满足社会对档案信息资源管理和利用的需求。数字档案馆可以通过各种网络平台，为公众提供公共档案信息服务和共享利用。数字档案馆通过现代信息技术来改进现有档案工作流程，不仅仅是一个新的虚拟档案馆和档案信息资源中心。它的目标是收集、整理和保存馆藏档案、电子档案和其他数字资源，并通过网络平台提供管理信息系统，以便更方便地服务于档案信息的利用。

（二）数字档案馆建设的内容

为了积极响应数字中国的倡议，我们将加强信息技术与档案工作的融合，积极探索并推广档案信息化管理方式，促进档案资源数字化存储，将新增数据电子化，从而更好地推动其在网络上的广泛应用。因此，数字档案馆系统项目的实施势在必行。数字档案馆的目标是利用尖端的信息技术来构建国家和地方的信息化基础设施，优先使用政务网平台、公众网平台等网络资源，以实现数字档案管理的网络平台整合。同时还可以创建一个既满足管理需求、促进档案资源数字化，对于新增的档案又能实现电子化的系统。通过逐步实施数字档案信息资源的网络化管理，并构建多层次、多渠道的档案信息资源开发利用和社会共享服务等措施，我们可以提高档案信息资源的开发利用价值，从而推动信息化社会的建设。

数字档案馆建设是一项系统工程，建设的核心是档案数字资源，关键是如何更好地管理好档案数字资源，为用户提供档案信息服务和实现

---

① 朱小怡. 数字档案馆建设理论与实践［M］. 上海：华东师范大学出版社，2007.

档案资源的长期安全保存，包括搭建基础设施、开发电子档案管理系统、收集数字档案资源、完善规章制度、加强保密措施，同时还需要争取资金和人才方面的支持。为了达到这些目标，各部门需加强协作，包括档案部门、信息科技部门、不同的业务部门以及与安全保密相关的部门。

1. 基础设施建设

基础设施是将现代信息技术整合应用于档案业务系统之中实现数字档案馆所必须具备的基本硬件设施设备，主要包括网络基础设施、数据中心机房、系统硬件设备、数字化加工设备、终端及辅助设备和安全保障设备等。

档案网络基础设施是针对档案资源的安全性特殊要求而建设的档案信息收集、管理、存储、利用和传输的技术平台，它将分布在不同地域、不同部门的档案信息资源连接起来，通过信息资源的互通互联、集成共享，充分提升档案信息化的整体效能。网络平台是数字档案馆运行的基础架构，是实现档案数字信息资源共享的平台。数字档案馆面向三类服务对象：档案局（馆）内部工作人员、政府部门和社会公众。基于这三类不同的服务对象，数字档案馆的网络环境也分为三个层次：档案局（馆）内部的局域网、联结各个党政机关的政务网和联结互联网的外部公众网[1]。网络基础设施是档案部门工作的必备设备，根据档案数字资源安全管理要求，数字档案馆网络基础设施要实现局域网、档案业务网、政务网和互联网的互联互通，又要与互联网物理隔离，路由器、交换机（核心交换机、接入层交换机等）、防火墙等设备必不可少，为进一步保障数字档案馆运行和保护档案数据安全，还需配备漏洞扫描、入侵检测、安全审计等网络安全设施。

"三分技术，七分管理，十二分的数据"，在数字档案馆建设过程中，为确保档案信息系统、档案与电子文件各类数据信息长期集中管理的安

---

① 谢波. 江苏省数字档案馆建设理论与实践［M］. 南京：河海大学出版社，2014.

全、有效，档案数据中心机房建设是一个非常重要的环节。档案数据中心机房应遵循《数据中心设计规范》（GB 50174—2017）原则，并按照设计规范要求进行专业设计与施工，最大限度地提供档案信息系统正常运行与档案数字信息管理的安全保障。数据中心机房应选档案馆建筑相对核心位置，强电、弱电可顺利通达，人员活动相对较少，道路畅通，周围环境清洁通风，阴面朝向。数据中心机房应分为主机房、监控操作区两大部分。主机房用于置放服务器、存储设备、网络设备、不间断电源主机、空调、消防监控等设备，为这些设备提供自动运行环境。监控操作区作为技术人员监控、操作及管理主机房设备的场所。主机房与监控操作区用玻璃或轻质耐火材料墙分隔。技术人员办公用房、设备维修与临时堆放场地、数字化加工用房等应另行安排，档案数据中心机房不得用作办公或数字化加工场地。主机房布局应按信息系统功能及网络平台划分区域，如登记备份中心、数字档案馆、电子文件中心、门户网站区域等，各网络平台及区域配置相对独立，各区域的服务器群、存储群、网络交换与配线等部署摆放相对集中，提高系统与数据安全性。档案数据中心机房的使用面积应根据布局区域划分、设施设备的数量及操作所需场地空间确定，并预留今后发展空间。主机房使用面积原则上不少于100平方米，监控操作区不少于20平方米。机房外门与通道一般应将人员进出通道与设备运输、装卸通道分开，数据中心机房设计应在强电负载均衡、网络集线交换、温度、湿度、电磁场强度、防水、防火、防盗、防震、楼板承重、防静电能力、防雷接地、监控、降噪声等各项指标方面均能满足设计目标及设备、环境施工与系统连续运行要求。任何一个数字档案馆的建设实施都离不开服务器、磁盘阵列等系统硬件设备的支撑，同时档案数据的安全性也离不开蓝光存储、移动硬盘和磁带库等备份设备的支持保障。数字档案馆建设中服务器是关键基础设备之一，需要注意的是，应该根据电子档案管理系统、数据库、中间件、全文检索、备份、安全防护等软件的部署与运行需求，决定服务器的数量和性能的配置，同时在条件许可的前提下，还可以考虑服务器的冗余、双机热备和未来可扩展性。为了满足电子档案和传统载体档案数字化处理副本的安全保存、使用和备份需求，数字档案馆应配备高效且稳定的磁盘存储阵列，并将其作为档案数字资源的在线存储设备。从档案数字资源的安全保存和容灾备份策略来看，应选择蓝光存储光盘库、磁带库或移动硬盘等方式来备份档案数据。

数字化加工设备是指将传统载体档案信息转换为档案数字信息的设备，是建设档案数字化文本数据、图像数据、声音和视频数据必不可少的设备。一般来说，纸质档案数字化加工设备主要有扫描仪、数码翻拍仪、缩微胶片扫描仪等。声像档案数字化加工设备主要有传统放音设备（如放音机、录音机等）、模数转换设备、录音笔、放像设备（如录像机、放像机等）和视频采集设备等。只有把档案馆各部门内部形成、运用的各种各类的档案信息资源加工转换为数字资源形式，统一进行存储、管理和整合，从有序的、线性的组织形式转变为网状的组织形式，共建共享，为档案管理工作提供动态性、实时性服务，才能真正实现档案数字化。

终端及辅助设备的主要工作是输入或输出数字档案馆的工作，一般来说，终端及辅助设备是指独立工作的计算机、打印机、复印机、自助查询终端及恒温恒湿防磁柜等。数字档案馆各项业务活动均须依托于上述装置，并借助终端及辅助设备接入数字档案管理应用系统来完成对档案信息的管理。建立数字档案馆终端及辅助设备要考虑到多种用户要求，主要有社会用户查档要求、归档部门档案管理员的工作要求等，还有档案馆工作人员及档案馆雇用的数据处理与加工人员工作要求。针对这些不同工作要求，要配备相应设备、设置相应网络、应用系统权限。

按照《数字档案馆系统测试办法》和《档案信息系统安全等级保护定级工作指南》要求，为保障档案数字资源安全，应为数字档案馆配备防火墙、漏洞扫描、入侵检测、安全审计等安全保障设备。数字档案馆建设必须加强安全管理，遵守相关保密规定，根据国家有关要求，必须为数字档案馆采购、配置国产安全设备，确保档案管理信息系统和档案数据的安全。

2. 电子档案管理系统建设

如果把基础设施看作"信息高速公路"，那么电子档案管理系统就是行驶在"高速公路"上的"车"，是档案部门进行档案工作所需要的各种软件平台，以档案管理业务的工作流程为主线，包括档案接收、整理、保存、使用、鉴定、处置、统计及系统管理等。它还可以辅助档案部门利用信息技术手段对电子档案进行处理和使用。在建设电子档案管理系统时，应遵循先进、实用、安全、发展的准则。该系统的构建需要具备开放性，可以与其他系统进行功能整合，以实现数据共享和交换。此外，系统也需要可扩展性，以满足当前和未来的业务需求，方便进行功能扩展。这个系统非常灵活，可以定制和应用各种电子档案管理的业务流程、数据结构和模式，而且还能够快速地进行部署。系统的正常运行必须确保安全可靠，并且必须记录关键的业务过程，这些记录应当以电子形式存在。为了确保电子档案的安全性，我们可以使用多种技术手段，如电子签名、数字加密和安全认证等。这些手段可以有效防止未授权的访问。为满足电子档案管理的业务需求，系统需要分别建立不同的数据库。系统应该具备管理多种门类和多种格式的电子档案的能力，以符合国家和行业标准规定。该系统应具备辅助管理实体档案的能力。

3. 数字档案资源建设

数字档案馆的主要内容是数字档案资源，而数据则是这一内容的重中之重。数字档案馆的关键任务是建设数字档案资源，这也是必不可少的档案业务工作。数字档案资源建设包括：接收电子文件，将传统档案材料数字化并进行转换与处理，加工整理资源，同时建立各种专题资源库等。

纸质文件曾经是档案的主要形式，但随着科技进步，电子文件已经成为未来档案的主要渠道。为了确保数字信息的真实、完整和可用，档案部门应该根据档案接收范围建立电子文件接收进馆制度和机制，并配备必要的技术手段，从源头上保证数字信息的质量和可靠性。改善数字档案资源建设、解决数字化存量问题的一个关键措施是对电子文件进行更加规范的管理，制定电子文件管理规范，并实现从电子文件到数字档案的无缝衔接，做到"增量电子化"。传统载体档案数字化加工转换工作是把传统介质的纸质档案、缩微胶片、声像档案（如磁带、录像带等）等资源通过扫描、拍摄、采集加工转换为数字化数据的过程，是数字档案资源建设解决"存量数字化"的重要途径。档案数字化加工工作涉及档案保管、保护、整理、鉴定、转换、存储、利用等多个环节，应当统筹规划，分步实施。档案数字化加工工作一般采取自主加工和委托加工两种方式进行。要实现对档案数字资源进行有序的统一管理，对数字档案进行检测、编目、格式转换、鉴定、划控和审核等资源整理加工是不可或缺的。通过格式转换、开放鉴定、利用审批等整理工作在政务网或互联网上建立相应访问权限和对应数据的档案数字资源库。数字档案馆建设要求建立涵盖所有数字档案、具备长期保存和安全保障措施的资源总库，同时还应该根据本馆特色馆藏资源，创建一个综合性主题资源集中平台，以包容多样性为核心理念。专题数据库建设是通过组织性的分析、筛选和整合，将关于某一特定主题的数字资源整合在一起，从而建立起一个高效的档案管理系统。这些主题包括企业历届领导、技术专家和各种先进人物的档案、企业机构沿革、会议记录、政策法规、建设项目和设备仪器、产品或专项业务、科技项目和成果、企业质量或安全事故等专题。档案管理部门应加强对档案资源深度加工、编研和开发，根据本馆特色资源制作不同形式的档案资源库，特色资源库中应包括可全文检索的双层 PDF 文档、图片、音频视频等相关多媒体影像档案，丰富档案资源的内容形式。

4. 制度规范建设

在数字档案馆实施过程中，只有建立完善的制度，才能在制度下健全组织机构，明确分工责任，若管理不当会严重影响项目建设质量。为确保数字档案馆建设的顺利实施，在建设项目启动之前，首要工作就是建立完善的制度，根据制度组建适用于本单位数字档案馆项目实施、管理的全套组织和领导机构，明确数字档案馆建设各子项目人员的职责，分工到人、落实责任。数字档案馆建设是一项实现科学管理与档案信息服务的系统工程，基础是数字档案馆建设标准和规范的统一。只有建立和应用统一的标准与规范，才能实现各种形式的档案资源、不同方式的管理服务之间的信息交流、利用与共享需要。在数字档案馆的整个建设过程中，科学规划档案信息标准、规范建设，统一制定和推广实施档案数字信息标准和技术规范，建立完善的档案数字资源标准规范体系，确保档案信息的有效共享与自由交换，制度规范必须同步建设并根据建设项目具体实施情况不断完善。

5. 安全保密体系建设

数字档案馆信息安全体系是信息化业务开展的重要安全保障，是一个综合了技术和管理方面的安全体系，其中技术包括物理、网络、主机、应用和数据等五个方面，而管理则包括制度、机构、人员、建设和运维等五个方面。通过技术手段和制度规章的建立，确保安全系统的可靠性和有效性。为确保数字档案馆的安全性并遵守相关保密规定，需要加强安全管理措施并充分配置安全设备。此外，我们还需实施严格的限制措施，规范档案信息资源的使用范围，并建立完善的信息发布审核机制。与此同时，我们需要对档案数据的访问控制进行限制。另外，需要制订一套全面的管理规定和备份规程，包括档案数据的接收、转移、鉴定和发布等环节，以确保管理工作的完整性。

6. 经费与人才保障体系建设

数字档案馆建设从启动开始，就需要长期、持续的经费保障予以支持。一般来说，基础设施和电子档案管理系统建设的首期投入经费较大，办公自动化等业务系统电子文件归档功能开发经费以及这些基础的软硬件的长期运维、升级、更新所需的经费保障都要落实，数字档案资源建设特别是纸质档案、缩微胶片、声像档案等数字化加工费用对数字档案馆建设也是必不可少的。另外，对档案数据的安全备份、对电子档案管理系统的安全等级保护测评及整改费用和对档案管理人员的培训及继续教育所需费用也需要统一考虑。在数字档案馆建设工作中，档案管理人员除了要完成传统载体档案管理工作，还要承担电子文件归档、电子档案管理等新任务，人才队伍保障是数字档案馆建设的成功之本，是保证档案工作持续发展的关键。

二、高校数字档案馆建设定义与内容

（一）高校数字档案馆的定义

随着多媒体和电脑技术的进步及机器处理档案数量的增加，许多高校已经开始广泛使用计算机设备和管理软件来处理档案管理事务，这使得高校档案工作经历了一个全面的转变。相较于传统的高校档案馆，高校数字档案馆具有四个显著的特点：首先，档案的形式从纸质转变为数字信息；其次，管理方式已从过时的方法转变为高效先进的手段；再次，档案的用途变迁，使其职能由简单的贮存逐渐向更高级别的管理和信息服务方向转变；最后，档案管理的重点已从仅仅保管文件转变为收集信息。数字档案馆的最明显之处在于信息资源的高度共享和可利用性。高校数字档案馆可以应用现代信息技术和互联网环境，实现跨越地域、行业和国界的信息资源共享。这可以通过整合全球的图书馆、档案馆以及数以亿计的计算机，使用档案信息库、信息数据库及参考服务平台等技术手段来实现。数字档案馆是一种利用网络进行信息资源管理的形式，可以满足人们分散的、以个体为核心的信息检索需求。

（二）高校数字档案馆建设的内容

高校档案是指高等学校从事招生、教学、科研、管理等活动直接形成的对学生、学校和社会有保存价值的各种文字、图表、声像等不同形式、载体的历史记录。高校档案馆是高校保存和提供利用学校档案的专门机构，是学校的历史记忆库。高校数字档案馆建设过程是信息技术应用于学校档案工作的各个环节和与档案工作有关的各业务部门的过程，是数字档案馆系统运用于高校档案工作的各个环节和各门类档案管理业务的工作过程。

从建设的角度来看，高校数字档案馆建设的中心是记录学校发展的档案数字资源，服务涵盖了基础设施建设、电子档案管理系统建设、数字档案资源建设、制度规范建设、安全体系建设和经费与人才保障体系建设等方面，旨在为教师、学生和社会提供全面的档案信息服务。

1. 高校数字档案馆基础设施建设

基础设施是数字档案馆建设的支撑，是档案数字信息资源"收、存、管、用"的基础。对于大多数高校来说，数字档案馆建设起步较晚，加上经费和人力有限等原因，本馆自有的基础设施不足以支撑全校的数字档案馆工作，大多需借助学校信息化部门的力量实现共建，需要借助数字校园的力量来共同铺设网络基础设施、数据中心机房、系统硬件设备、数字化加工设备、终端及辅助设备和安全保障设备等数字档案馆建设所必需的"信息高速公路"。

高校数字档案馆主要面向校内档案工作人员、师生和校友三类用户服务，基于这三类不同的服务对象，高校需要建立档案工作局域网、校园网和公众网三个层次的网络平台。根据《档案信息系统安全等级保护定级工作指南》等档案标准规范的要求，高校应借助现有完备校园网络，购买核心交换机、接入层交换机和防火墙等设备，建立档案工作局域网，充分利用虚拟专用网络技术，在安全的校园网基础上构建面向师生和校友服务的档案网络平台。

目前绝大部分高校都还没有自己独立和完备的档案数据中心机房，但随着高校办学规模的不断扩大和档案数字资源的递增，只有建立档案数据中心机房才能确保档案信息系统、档案与电子文件各种各类数据信息集中管理和长期安全保存，特别是现在许多高校都在建设新馆，鉴于档案数据中心机房的重要性和档案工作的前瞻性，具备条件的高校应当建设符合《数据中心设计规范》的档案数据中心机房。

高校在建设承载数字档案馆的所有业务应用的服务器和磁盘存储阵列等系统硬件设备时，必须从高速运算能力、长时间可靠运行、存储容量等方面综合考虑服务器和磁盘阵列等设备的配置，"硬件要硬"，硬件平台需 7×24 小时不间断地为档案业务提供运算能力和存储能力。鉴于档案数据的唯一性和安全性，数据备份设备也是必不可少的。

目前大部分高校档案数字化率均不高，应配置高速扫描仪、数码翻拍仪、缩微胶片扫描仪和音频视频数字化设备等设备，利用扫描技术、图像处理技术和多媒体技术把传统载体的纸质档案、声像档案、缩微档案等档案数字化加工处理，转换为数字资源，加快馆藏档案数字化资源建设步伐。

高校档案馆应配置计算机、打印机、复印机、自助查询终端和恒温恒湿防磁柜等终端及辅助设备，根据不同的用户需求来配置不同的权限，让档案馆工作人员、归档部门档案管理员、师生和校友通过终端及辅助设备访问数字档案管理应用系统，完成档案信息处理工作和提供档案信息服务。

为确保档案信息和数据安全，高校数字档案馆建设应充分借助数字校园建设的力量，为数字档案馆配备防火墙、漏洞扫描、入侵检测、安全审计等国产安全保障设备，保障档案数字资源的信息安全。

2. 高校电子档案管理信息系统建设

电子档案管理系统是一种软件平台，按照学校档案管理的业务流程，提供了包括档案接收、整理、保存、利用、鉴定、处置、统计和系统管理等多项功能。电子档案管理系统应参照开放档案信息系统模型进行设计开发，遵循国家档案局 2017 年 12 月 29 日印发的《电子档案管理系统基本功能规定》，以保障档案信息资源的长期保存、安全传输和保护。同时电子档案管理系统应结合学校档案管理的实际情况，以校园信息化建设为基础平台，充分考虑当前信息技术的发展趋势，以学校各部门和社会利用档案的需求为出发点，严格遵照信息化和档案管理方面的法规和标准，严格遵守国家及行业相关规章制度和技术标准规范，以校园网络为基础平台，结合学校各部门业务管理系统归档需求，实现办公自动化系统与档案管理系统的有机衔接，实现与教务管理、学生管理和科研管理等应用系统的数据交换、集成和整合，完善电子文件的归档工作，同时高校应根据师生的档案信息服务需求，建立门户网站、资源发布、学籍档案、声像档案和数字化加工等系统平台，实现档案资源存量数字化、增量电子化、利用网络化，为学校的教学、科研、管理及师生校友提供方便、快捷的档案信息利用服务。

3. 高校数字档案资源建设

数字档案资源是数字档案馆建设的核心内容，也是高校一项日常性的档案业务工作。高校数字档案资源建设包括电子文件接收归档、馆藏档案数字化加工、档案资源整理加工、建立各类专题资源库等工作。

高等学校应当对纸质档案材料和电子档案材料同步归档。目前在大部分高校都运用办公自动化系统、学工管理系统、教务管理系统、科研管理系统、资产管理系统、人事管理系统和财务管理系统等多个信息化平台来进行日常的教学科研管理活动，随之产生了大量的电子文件，高校档案馆应当根据档案归档接收范围，建立电子文件接收进馆的相关制度和机制，配备必要的技术手段，实现从电子文件到数字档案的自动归档。高校因办学历史悠久，馆藏的传统载体档案数量较多，大部分高校均未开展数字化加工外包服务，馆藏档案数字化加工工作进展较为缓慢。

高校档案馆应根据自己学校的具体情况，统筹安排，争取数字化外包加工，加快"存量数字化"进程，运用现代信息技术对档案数字资源进行统一集成和组织管理，便于后期对本校的数字资源进行整理、编研和深度开发，根据本校特色建立学科特色馆藏档案专题资源库和名师、知名校友等人物专题库，充分发挥档案的"存史、资政、留凭、育人"功能。

4. 高校数字档案馆制度规范建设

健全有效的制度和标准规范是实施数字档案馆建设的重要基础和保障。在高校，档案部门负责保管本校的档案和提供档案资源为高校及社会服务，同时负责对高校档案工作进行业务指导、监督和检查，在开展数字档案馆建设工作时，必须强化依法治档、依法管档的观念，加强和完善档案管理的制度建设，根据本校开展的数字档案馆建设工作中出现的新情况，不断补充和完善档案业务工作规范建设。高校在进行数字化校园建设中会产生种类繁多的数据，只有建立和应用符合本校实际情况的统一标准与规范，才能满足各种形式的档案资源、不同方式的管理服务之间的信息交流、利用与共享需要。

5. 高校数字档案馆安全保密体系建设

在开展数字档案馆建设工作时，必须坚持档案管理"为党管档、为国守史、为民服务"的工作原则，高校档案馆和档案服务机构应建立健全安全保密规章制度，明确管理机构和人员，高校委托本单位之外的档案服务机构承担数字档案馆建设工作，必须到档案部门和安全保密行政管理部门去申请备案，具备相应的服务资质和备案证书的档案服务机构，才能开展相应的数字档案馆建设工作。同时高校应当与档案服务机构签订安全保密协议，对于针对具体档案数字建设项目，必须制订实施安全保密工作的计划，并建立岗位责任制来确保安全。实行统一的安全保密措施，以符合项目要求，对数字化流程和成果进行规范化管理。要确保实体档案、数字化档案信息和相关成果的安全，必须对用于数字化档案登记的信息设备和存储介质进行审核，并根据相应的保密标准和安全规

147

范进行管理，以防止信息泄露。

6. 高校数字档案馆经费与人才保障体系建设

《高等学校档案管理办法》明确提出高校应当为档案管理现代化和信息化设立专项经费，保障数字档案馆建设与学校数字化校园建设同步进行。除了经费保障之外，数字档案馆建设对档案人才队伍建设的要求是建立一支复合型的专业人才队伍，要求档案人员具备扎实的档案专业和信息技术相关理论知识，掌握熟练的信息处理技术和能力，依法管理和开发档案信息资源，具备较强的研究能力、创新能力和管理能力，同时具备团结协作精神。高校应制订可持续的档案人才发展战略，完善档案人才队伍的建设机制，才能保证数字档案馆建设的持续开展。数字档案馆建设是一个庞大的、长期的系统工程，只有提高思想认识，加强组织领导，理顺管理体制，健全规章制度，加快人才培养，保障经费投入，才能保障数字档案馆建设工作的启动、建设、升级更新和长期运行。

三、高校数字档案馆建设中存在的问题

档案管理是高等学校重要的基础性工作，保存学校发展的历史记录，为高校教学、科研、管理等各项工作提供服务，同时为社会提供档案信息利用服务和承担档案育人的重任。自国家档案局提出加强档案信息化建设工作以来，许多高校纷纷加快了数字档案馆建设步伐。自 2008 年 12 月"上海交通大学数字档案馆"项目顺利通过了由上海市档案局组织的成果鉴定，成为全国高校第一个数字档案馆以来，各高校经过多年的数字档案馆建设，从档案目录著录到档案全文检索，从传统载体档案到电子文件自动归档，成果丰硕，但因为高校档案的专业性和复杂性，各校的实际情况各不相同，目前部分高校在数字档案馆建设中还是存在一些问题。

（一）思想观念较为保守

档案工作"重保管轻利用"的思想观念由来已久，部分高校档案工作者认为工作的重点应该是安全保管好馆藏档案，被动提供查档服务即可，建设数字档案馆的必要性也不是那么迫切。任何工作的开展，提高思想认识是前提，只有正确认识到建设数字档案馆是学校发展和档案事业发展的必经之路，正确理解和把握数字档案馆建设的概念、目标、原则、步骤和技术等，转变档案管理理念，充分认识到建设高校数字档案馆是数字中国建设的重要组成部分，只有做好数字档案馆建设工作，才能切实提高学校档案管理水平。

（二）规章制度不够完善

健全的规章制度是一项工作良好开展的基础，目前部分高校的档案规章制度还是停留在传统的手工管理档案阶段，无法适应和解决数字档案馆建设和运行出现的新情况，可能会导致建设工作难以推进，建设质量和效果难以保证，工作效率提高不大，也无法看到数字档案馆建设后会给学校档案管理工作带来的良好效益。

（三）缺乏顶层组织领导

数字档案馆建设是一个系统工程，需要对其进行顶层设计和统一规划。在建设工作开始时就对本校档案业务进行总体构想和系统设计，从全局的角度注重规划设计与实际需求的紧密结合，对数字档案馆建设的结构、功能、层次、标准进行统筹考虑和明确界定，注重现代信息技术在符合本校实际的档案管理具体的业务实现。如果缺乏顶层设计和统一规划，建成的系统没有和校内其他业务系统进行数据对接和系统集成，可能会形成新的"信息孤岛"，难以保障数字档案信息的真实性和完整性，也不能保证数字档案资源的可用性。

（四）档案数据条块分割

高校均已建立了健全的档案工作网络，但因为档案数据涉及学校的党务、行政、教学、财务和科研等部门，部分高校归档部门和档案馆部门之间缺乏有效的及时沟通，加上档案部门相对封闭、受档案安全保密等保守思想影响，难以形成档案数据全局有效的管理、规划与协调，条块分割，缺乏有效的档案信息资源共建共享机制，严重制约了数字档案馆部分功能的实现，最终会影响数字档案馆的建设效果。

（五）经费投入保障不足

有些高校因为运行经费紧张，进行数字档案馆建设时去申请专项经费，申请到的专项经费可以解决数字档案馆的燃眉之急，但档案工作是一个持续性的长期工作，数字档案馆即使建成后每年的数字化加工、档案资源开发和设备的运维等都需要持续的经费投入，没有经费投入保障就不能保证数字档案馆建设工作的持续开展和学校档案事业的长期发展。

四、高校数字档案馆建设的目的

高校数字档案馆建设将为学校提供全方位的档案信息服务，通过对高校各种类型的档案信息资源进行数字化加工、开发、集成和远程利用，从而长期保存及开发整合学校发展的历史记忆和进一步弘扬校园文化，在提高档案管理工作效率、挖掘档案数字资源为学校教学科研管理提供凭证和决策等信息服务、实现信息资源共建共享等方面有积极的意义。

（一）弘扬校园文化

办公自动化和各类教学科研管理应用业务系统平台的使用，产生了大量的电子文件，运用数字档案馆系统对这些信息进行采集归档，避免了档案数据遗失，和传统载体档案一起建成一个资源更为丰富、以档案数字信息资源为中心的信息资源库，为师生和社会校友提供更为有效的档案信息服务，同时数字资源能更方便快捷地开展校史研究等专题的编研工作，丰富校园文化资源，充分发挥档案的育人作用。

（二）突破时空限制提供档案服务

随着高校办学规模的扩大，档案数据剧增，建设数字档案馆把传统载体档案数字化加工后，使用服务器和磁盘阵列存储后对数字档案资源进行传输、开发和利用，可以有效摆脱传统档案馆库房紧张的空间限制，同时建成后的数字档案馆系统可以通过远程利用 7×24 小时为师生校友提供服务，突破了传统的上班时间必须面对面的时空限制，实现"见面越来越少，服务越来越好"。

（三）规范档案工作

通过管理系统，可以对档案数字资源进行规范编研和统一管理，避免各种各样的传统载体档案管理带来的不便，运用身份认证、权限访问控制和加密传输等技术，确保档案资源的安全使用与合理利用，能有效保证档案的安全；同时在数字档案馆建设中借助人工智能的技术和理念，实现对档案信息的自动著录、分类标引、数据校验、智能划控、自助服务和声像档案内容的智能识别等，对数字档案进行更为有效的分类和组织，能有效提高档案管理工作效率。

（四）挖掘档案资源

相比传统的档案目录库检索依赖于档案元数据的字段著录，数字档案馆采用光学字符识别技术对档案库中的档案进行全文识别，建立全文索引库，实现档案全文检索，更利于后期档案信息资源的深度开发与挖掘，也利于档案资源的精准检索和全文利用。

（五）提供共建共享资源

数字档案馆通过远程利用系统和网络平台为分散在世界各地的师生、校友提供服务，也可以通过权限分配、访问控制和加密传输等为用户提供远程档案利用业务。现在的用户自助服务意识较强，数字档案馆建成后把允许公开的档案公开发布供用户自主查询利用，也可提供自助服务终端供查档用户授权使用，同时档案管理员可以使用实时互动交流工具为用户在线解答疑问，及时服务用户。区别于传统档案，不同的档案部门也可以通过数字档案馆来开展有选择的共建共享档案信息资源，通过档案信息的发布与传递，能有效地实现档案信息资源的共享，促进文化交流。

五、高校数字档案馆建设的原则

高校数字档案馆建设是一项长期且复杂的系统工程，事关学校档案工作的全局和长远发展，也是数字化校园建设和学校发展的重要组成部分，在建设过程中应当遵循以下原则。

（一）顶层设计，统筹规划

要使高校数字档案馆建设工作获得持续的资金、技术和人才投入支持，数字档案馆建设工作必须纳入学校发展的整体规划，纳入数字化校园建设整体规划，从而增强持续建设和发展的动力。档案馆在制订和执行标准规范时要考虑本校数字档案馆的标准规范与数字化校园保持一致，充分考虑本校数字化校园和档案管理的实际情况，为档案信息资源与学校信息资源的共建共享、互通互联打下基础，创造条件。档案馆在制订数字档案馆建设规划时，要立足长远，既要把握国家数字档案馆发展的战略目标和政策方向，又要深入了解本校档案工作的现实基础和发展需求，数字档案馆建设不是单纯购买一些硬件设备或一套管理软件那么简单，建设规划方案应该遵循信息资源建设的规律，从顶层自上而下地设计，站在学校资源管理全局的高度，为实现数字档案馆这个目标而进行规划，设计好各个档案管理信息系统的建设标准规范、档案移交接收标准、质量检查标准、目录数据库标准、各类档案资源著录的元数据标准规范、档案鉴定标准、档案存储载体标准、档案利用控制标准、档案安全体系建设标准规范及相关的人才队伍建设、制度保障等，同时需要档案部门处理好档案馆与电子校务、档案馆与各归档部门、档案管理人员与归档部门管理人员、档案管理人员与师生校友等之间的复杂关系，从而实现数字档案馆建设促进学校数字校园建设工作、规范档案管理工作、促进校内各部门之间信息资源的共建共享、消除信息孤岛的目标。

（二）循序渐进，持续发展

数字档案馆建设是一个长期的工程，需要注重整个工程项目的循序渐进和持续发展。现在大部分高校数字档案馆建设工作滞后于学校的数字化校园建设水平，数字档案馆建设就要结合本校的实际情况，规划一个总体、完整、长远的实施方案，在具体实施时要全面了解本校信息化和数字化校园的建设情况，包括建设的现状、发展规划、建设的标准规范及相关系统的开放共享程度，并在此基础上对学校数字档案馆建设工作进行规划、设计和实施。在具体实施项目前，要摸清本校档案工作的基础条件和档案工作的发展水平和状况，包括档案收集、整理、存放和利用的具体工作状况、档案信息资源的具体数量和质量、已有的档案设备条件等，以便于作出贴合本校实际的具体发展规划和切实可行的建设方案。在项目具体建设实施时，需要把复杂庞大的数字档案馆建设项目分成若干相对独立并先后连续实施的子项目，确立优先次序，分期选择重点，合理安排，稳步实施，分阶段、有步骤地持续推进。

对于高校数字档案馆建设工作来说，一般应按照数字档案馆系统规范，建设安全可靠、布局合理的局域网、校园网、互联网三网隔离的档案网络平台，配备必要的防火墙、漏洞扫描、入侵检测、安全审计等网络安全设施，把数字档案馆的"高速公路"建设好，然后再配备满足开展数字档案接收、管理、利用等业务应用系统工作需要的服务器和存储设备，按照本馆的实际情况再升级和定制开发与本馆业务最相符的数字档案管理系统，落实数字档案馆的"车"，依据本馆的馆藏实际情况分批次有序开展馆藏数字化加工工作，开展电子文件和电子档案的管理工作，装载丰富的"货"。在整个建设过程中始终需要考虑必要的人、财、物的支持，开展相应的安全保障体系以保证数字档案馆建设的效果和保障档案信息安全，相当于制定相应的"交通规则"。

（三）业务导向，利用优先

高校数字档案馆建设应围绕高校的教学、科研、管理等重要活动的开展，收集相关的历史记录，注重管理好以学校部门、学生、教师为主体形成的具有保存价值的档案。建设时应充分了解学校的档案管理业务，从学校档案的收、管、用等各个环节考虑相关的资源建设工作，为收集档案资源而建立档案信息采集平台，为管理档案资源而建立档案管理信息系统，为档案安全而建设档案保护系统和备份系统，为满足档案利用、档案信息服务而建立档案网站、档案资源发布平台、档案利用预约和档案远程借阅等平台。以记录学校发展的档案资源为中心，优先建设重要档案资源，重点收集相关的电子文件和电子档案。开展馆藏档案资源数字化也应以需求为导向，对馆藏珍贵档案、有重要保存价值和使用价值、形成年代相对较早、有特色的档案、利用率高和需求大的档案应优先进行数字化。建设档案网络平台应有利于电子文件的归档管理、档案信息资源的共建共享和网络利用，目前高校大都采用"双套制"管理模式，进行数字档案馆建设时要充分考虑学校电子校务的具体情况，基于校园网搭建电子文件管理平台，构建电子文件和电子档案管理系统，对电子文件实行从电子文件的采集到电子档案的收集、保管、利用的全过程管理，相关的管理信息系统的功能实现、操作界面等应尽可能符合用户操作习惯，对电子档案、档案数字资源的存储格式的选取应符合长期保存需要，便于共享和利用。

（四）安全保障，科学管理

高校数字档案馆建设应充分考虑档案资源安全保密和数据敏感的特点，涉密档案相关的工作必须严格按照保密工作的要求执行，非涉密档案相关的工作也应满足信息安全等级保护的要求，评估数字档案系统的安全风险，采取相应的安全保障技术方法，配备必要的安全设施设备，同时严格遵守国家法律法规和标准规范，建立健全安全保密管理制度，明确档案工作中相应部门的安全职责，落实部门安全管理员、应用管理员、系统管理员、网络管理员等岗位的职责和人选，必要时还应明确安全保密管理员、安全审计员等岗位职责，确保档案信息安全。同时要对档案实体进行相应的安全保护，运用现代科学技术建设智能档案库房，在库房中建立温湿度自动控制系统、自动防盗报警系统、自动防火报警及灭火消防系统、视频监控系统、门禁管理系统等，对于档案数据中心机房还应保证设备的恒温恒湿、屏蔽强电磁干扰、防雷接地、提供不间断电源供电和提供完善的安全备份策略等，防止档案实体和档案数字资源的破坏和丢失。

六、高校数字档案馆建设的步骤

高校数字档案馆的建设是一个大型系统工程，通常按照信息技术系统的项目运作模式进行，其中包括规划、立项、实施、验收及后续运维等多个阶段的分步实施。

（一）项目规划

1. 成立项目工作组织

为了确保数字档案馆建设顺利进行，学校应在规划阶段成立对应的组织机构和项目成员，一般会成立一个项目建设小组，小组成员主要由档案部门领导、档案馆业务工作相关人员、学校信息化建设部门人员、学校保密委员会成员等相关部门共同组成，负责数字档案馆建设工作的规划、计划、实施方案、制度制订，具体建设工作的实施、推进，后期建设工作检查、总结与考核。

2. 制订项目方案

在制订项目方案之前，做好充分的前期调研是前提。首先要了解全国和地方数字档案馆建设的情况，了解本校数字化校园和电子校务的建设情况，确定本校档案管理工作的实际情况和发展目标，在此基础上有针对地选择国内经济发达地区高校数字档案馆建设情况进行调研和学习，学习了解其他学校建设的成功经验。通过详细的调研、学习，掌握大量的第一手材料，再结合本校的实际情况制订出符合学校档案管理实际状况的规划方案，实现本校数字档案馆建设的最终目标。

制订项目建设方案时，应当从数字档案馆项目建设的必要性、成本、收益、风险等方面研究建设的可行性，并形成可行性研究报告，特别是要对当前本校数字档案馆建设的各种保障条件、建设环境等实际情况及建设的需求和最终达到的目标进行充分论证，坚持需要和可能的原则，区别轻重，将建设目标中的关注点放在力所能及的范围内，着力解决档案管理中的现实问题。此外，学校的档案管理部门还需要详细分析数字档案馆系统的安装、业务和功能要求，并编写一份需求任务书，将其整合到建设方案中。一个全面的工程计划应包含重要的组成部分，如建设目标、建设内容、操作步骤、资金预算和实施计划等。编制项目方案通常与编制项目规划同步进行且互为支撑，是后期建设项目立项和工程设计的基础。

（二）项目立项

档案馆准备好数字档案馆相应的规划方案后即可向学校提出项目立项申请报告。为了确保项目具有实际可行性，学校应该在项目立项之前聚集同行专家，对项目的可行性研究报告及建设方案进行仔细评审。这样能够保证项目的投资具有科学性，明确界定项目的建设目标、涉及的档案业务范围及项目建设需要进行沟通和协调的单位，档案业务需具体到哪些档案管理工作可以通过数字档案馆进行优化、升级或重构，系统建设需要与学校哪些业务系统进行集成，目前具备哪些集成的条件，都需要进行详细论证，同时应确定项目预算，预算时应考虑本校的环境、部门的实际情况、历史数据迁移、设备购买、项目管理、项目实施、人员培训、系统运维等问题。评审时，专家应对项目的可行性报告、规划、方案在投资效益上的合理性、建设方案的可行性及项目组织实施的科学性进行充分论证和评审，通过评审后提交学校有关部门立项实施。

（三）项目实施

人才队伍是数字档案馆建设工作的保障，档案馆应通过提升现有人员技能和知识的方式，充分发挥现有人员的作用，加强培训学习，提高整支队伍对数字档案馆建设工作的思想认识，提高他们的业务应用能力，建设数字档案馆管理人员、业务人员、技术人员等相互配合的建设人才队伍。若人手不够，则可以考虑引进和建立项目团队等方法来增补人员。此外，还可以考虑将数字档案馆项目的档案服务外包，以确保其建设效果和质量。

数字档案馆的建设是在现行档案业务工作的基础上展开的，在项目的起始阶段，需要加强和规范本单位的档案管理基础业务。该问题需要实施更加健全的档案管理机制，优化档案管理机构的体制构架，确保档案管理工作的一致性和专业性以及规范化档案管理的各项业务流程。另

157

外，还需要整合各种分类和类别的档案，并制订相应的表格和报表，以便进行有效的归档和管理。要保证工作的顺利开展，档案馆应该拥有健全的规章制度。为了达成这个目标，档案馆应逐步引入并制定相关的管理规定、标准化规程和管理方法细则，并优先采用国内已经成熟的标准规范来作为单位档案信息化工作的标准。如果档案馆需要更为严格的规范，而国家标准无法满足需求或者缺乏相应标准规范，档案馆应当自行制定相应的标准规范和管理办法。定期或不定期更新所有已制定的标准规范和管理办法，以确保其持续适应现实需求。在数字档案馆系统投入使用之前，档案馆需要事先制定完善的管理制度、标准规范和管理办法细则，以确保档案工作的规范化。

为了降低开支，数字档案馆的建设和运营需要利用学校的现有信息技术基础设施来安装所需要的硬件。若当前硬件设备不能达到要求，那么须根据未来学校的档案数据增长情况、系统使用人数、系统安全和保密需求及部署方式等因素，逐步配备新的设备。我们对档案管理信息系统的功能需求进行了充分的调查和协商，咨询了档案部门、业务部门和归档部门等相关方，最终制订了详细的功能需求方案。需要制订一个文件管理系统，在此过程中，需要考虑实际档案管理的需求，同时需要使系统开发人员易于理解，能够在系统开发阶段得以实现。为了确定系统开发商和协议，管理信息系统可以通过招标、竞争性谈判等方式进行，以此确定技术细节和系统开发、安装的时间节点。根据前期确定的需求设计报告和学校档案管理实际情况，系统开发商为定制开发档案管理信息系统原型，然后，学校档案部门会安装这个系统，并且需要做一些基础数据的准备工作，包括数据库安装、软件安装等。系统在学校本地档案工作网络内安装部署好后，可以开始基础数据准备和历史数据迁移工作，基础数据准备的主要工作包括但不限于界面布局、数据库结构设计、文件分类、编程、权限配置和用户管理等任务。为了方便维护，应将所得基础数据存储为文件。数据迁移主要是把档案馆使用原有档案管理系统的数据和之前未使用系统管理的数据完整无误地导入现用档案管理系统的过程，历史档案数据经过导入、清洗、校对后，便于在新上线的档案管理系统中统一管理和整合利用。在系统上线运行前，应进行必要的系统测试，还需要进行功能测试、性能测试、安全保密测试和兼容性测试等方面的检查。进行测试工作可以自行操作，也可将其交由得到授权的第三方机构负责。每一次测试都需要准确记录测试用例、测试步骤及测试结果等相关详细信息。为了将现有的业务和数据迁移到新系统中，并监测其运行情况，档案馆需要为档案管理人员、部门归档人员和系统维护人员等进行培训。

档案馆应按照"重要性、常用性、急用性、抢救性、珍贵性"的原则，并结合实际分步推进馆藏档案数字化工作，将重要的、常用的、急用的、自然损坏老化严重的和珍贵的档案优先数字化，对这部分档案进行抢救和保护的同时解决了资源的保护与利用的矛盾。传统载体档案数字化如果自主加工完成有困难的可采用外包，或采用外包与自主完成相结合的方式进行，档案数字化外包应按照《档案数字化外包安全管理规范》的要求做好安全管理工作。高校档案馆应当根据自己学校的办学特色和办学定位，结合馆藏特色学科、重点学科的资源特色，建立各种专题数据库，充分开发馆藏档案资源，为学校学科建设和教学科研管理提供更多的档案信息服务。

学校的档案部门需要先评估电子文件的管理和归档现状，然后制订详细的技术方案和计划，并提出改造方案，最后根据《电子文件归档和电子档案管理指南》等规定和要求，有步骤地开展电子文件归档工作。对于已经在使用或者即将投入使用的信息系统，需按照相关规定和要求做好相关工作，等系统上线后再依据文件的特点进行归档，并对接收的电子文件和档案进行真实性、完整性、可靠性、可用性检测，确保电子档案的长期可用性。

（四）项目验收

建设数字档案馆所使用的设备和系统在经过一段时间的试运行后，必须由验收组进行评审验收，以确认设备和系统是否符合合同和技术协议中规定的目标、功能、质量、使用效果及其他相关指标。根据评审过程中的分析结果，需要确定系统中存在的薄弱环节并提出相应的改进建议。完成数字档案馆建设工作后应经过反复的试运行，确保每个设备、每个系统、每个模块均达到了档案业务要求，实现了建设目标，最终形成数字档案馆建设总结报告、试运行报告、系统检测报告和用户报告等，组织内、外部专家根据设计方案、合同协议、任务书等进行验收，建设工作达到《数字档案馆系统测试办法》要求的，可向国家档案行政管理部门申请测评。

（五）项目运维

在高校数字档案馆投入使用前，甚至从某一个档案管理新系统上线运行开始，对系统进行管理和维护就成了数字档案馆管理工作的主要任务。高校数字档案馆运维的目标就是在"变事后处理为主动预防"运维管理理念的指导下，有效收集、整理、加工、分类、存储和利用各类档案资源，建立并完善长效的管理服务体系和机制，确保各类数字档案资源能够准确、高效、稳定且可持续地为师生校友提供服务。为了保证数字档案馆的顺利运行和维护，应当参照《档案信息系统运行维护规范》等标准规范的要求开展运维工作。为了更好地适应学校的实际情况，我们需要成立一个数字档案馆适宜的运维组织机构，并清晰地规定其职责范围。应当根据档案部门的需求，确定合适的运维模式，并相应地确定运维的目标和范围。可以考虑继续采用由开发商提供的外包服务来运维电子档案管理系统，并将运维费用计入采购成本中。数字档案馆需要考虑维护系统运营，这涉及基础设施、档案管理系统及档案数据的安全防护和备份等方面的工作。这样才能保证数字档案馆的延续和质量，并确保档案信息的长期保存和安全。

第二节　高校数字档案馆信息系统建设

一、高校数字档案馆电子档案管理系统建设

高校电子档案管理系统建设应参照开放档案信息系统模型进行设计开发，以保障档案信息资源的长期保护和安全存取。系统应采用浏览器/服务器结构，结合校园网统一身份认证进行分级授权管理，可以满足不同档案的集中式或分布式规范化管理，通过自定义模板、工作流、即时消息服务，将档案收集、利用过程进行流程化审批，实现全过程信息化管理和监控，包括档案的收集、整理、移交、归档、统计和利用等环节，以提供全方位的档案信息获取、管理、存储、利用、交换和服务等功能。除此之外，我们还为用户提供全面的档案查询服务及其他相关的档案信息服务，所有服务集成于一站式平台上，可根据用户需求进行个性化定制。该系统需具备基本功能，包括但不限于收集、著录、存储、检索、利用等，以确保数字资源的完备性、真实性、安全性，并且应支持格式转换、命名、备份、恢复等非基本功能，且可适配不同需求，使用简单方便。同时还需要管理用户和权限，以便对数字档案资源进行鉴定、统计、审计等操作。

（一）系统总体要求

为了实现数据共享和交换，电子档案管理系统的结构应该是开放的，可以与学校的办公自动化及其他部门的业务系统进行集成。系统功能需

要具备可扩展的能力，可以满足当前和未来可预见的档案业务需求，并且容易进行功能的扩展，系统应当采用参数化、可配置的设计开发原则，当档案业务流程和管理流程发生变化时，能够通过参数修改和程序配置快速灵活地适应新的业务要求。系统应该具备高度的灵活性，能够根据具体情况灵敏地定义和配置各种不同的电子档案管理业务模式、工作流程和数据结构，以满足不同的需求。此外，系统应当采用分层的模块化结构设计，模块之间的通信按行业规定接口进行。各个子系统业务功能的维护和更新及新模块的添加均不影响其他模块，保证系统正常运行。系统应该保证在关键业务过程中，能够有效地管理产生的电子档案记录，并保持其稳定可靠的运行。为保障电子档案安全，系统需要采用数字签名、加密、认证等安全技术，采用多种安全技术管理机制，保障档案数据在存储、检索、传递、发布和管理等各个层面的安全性，系统具备完善的安全保障措施和技术控制手段，有健全完善的用户操作权限控制、密码安全控制机制、日志监督和数据更新等多种手段防止档案数据被窃取和篡改，能对所有的操作进行追踪调查并详细记录，具有日志记录和审查功能，系统应依据电子档案保存和利用的业务要求分别建立相应数据库，数据库具备较强的数据独立性，确保档案数据的长期保存、安全迁移及有效利用，提供多样式的数据安全备份，支持按类、年度等方式进行后台数据库的数据备份。除此之外，系统需要支持管理不同种类、不同格式的电子档案，符合国家和行业标准规定，并能够提供对实体档案的辅助管理功能。

电子档案管理系统框架应采用浏览器/服务器（B/S）模式和分布式架构，前端一般采用第五代超文本标记语言技术，数据库应使用甲骨文数据库，系统服务支持部署在 Linux 等开源操作系统中，支持跨系统平台迁移，客户端采用浏览器访问，支持谷歌、火狐和 IE 等常见浏览器。系统性能一般要支持 200 人以上档案业务管理人员的用户并发数，面对百万级数据量，全文检索系统响应时间应不超过 2 秒，系统平均无故障运行时间不少于 5000 小时，出故障的系统恢复时间小于 4 小时，同时提供数据导入导出能力，支持批量导入导出功能，方便档案系统升级和更新时进行数据迁移、清洗和校对。

（二）档案接收

电子档案系统需要能够接收电子档案，并支持批量处理在线和离线档案操作，也需要记录每一次交接和接收档案的过程。为了接收归档部门产生的电子文件和元数据，这个系统必须同时支持在线和离线两种接收方式。它还能够将传统档案数字化处理，提取重要的数字信息资源，并保持电子文件与元数据的持续关联，具备目录数据和内容数据等多种信息资源的采集功能，提供在线接收、脱机方式自动或半自动接收、采集数据，能够批量导入、上传、挂接、导出档案数据，同时保证档案数据的可靠、完整、真实和可用，它还应具备的功能有：验证所接收到的档案数据是真实和完整的，并且可以将接收到的电子文件永久保存。此外，该系统还必须能够执行格式转换，将数据转换为符合国家标准的OFD 文件等适宜的保存格式。系统应实现与各个业务系统之间的数据对接，支持与学校的学籍管理系统对接，可以对接学籍信息、成绩单、毕业生登记表内容等应归档的文件上的相关字段内容，应实现与成绩单等自助查询终端的系统对接，预留行业标准的接口，支持与学校学工管理、教务管理、科研管理、人事管理和财务管理等其他业务应用管理系统的数据对接。

系统需要包含能够审查、识别电子档案数量、品质、完整性和标准是否达标的功能，并且具备标记有缺陷档案的能力。此外，系统还需要能够记录和储存已经通过检查的电子档案，支持电子档案数量的清点、内容和元数据有效性的验证，赋予电子档案唯一标识。

系统应具备对征集档案进行管理的功能，建立征集库，可按年度或捐赠人等查询征集情况，征集的档案整理后归入档案库。支持在线发布档案征集公告和联系方式，捐赠人可以在线填写捐赠清单并上传图片及其他文件材料，收到新的捐赠消息能以短信、邮件、待办事项的形式提醒征集人，征集人查看后能自动回复捐赠人及发送回执，捐赠成功后，支持将捐赠人、捐赠清单、捐赠档案图片等信息公开发布到档案馆网站。

（三）档案整理

电子档案管理系统需要具备自动分类和排序电子档案的能力，并且还需要支持分类和排序的调整处理，应能根据实际业务需要新建档案门类或专题，可以对各类档案信息进行整理，包括补充著录、顺序调整、档号调整等操作。

系统应具备电子档案的著录、标引等功能，形成电子档案目录，并与电子档案全文相关联，提供新建、增加、删除、修改条目，并提供单个或批量原文的挂接、删除、下载、在线浏览等功能，系统能自动检查数据的重复性，能实现查找替换（支持单个或批量）功能，提供高级检索、跨库检索、二次检索等检索功能。

系统还需支持批量转换电子档案的格式，如此操作可以使不符合长期保存格式标准的电子源文件经转换后符合我国和档案行业标准。

系统需要能够维护电子档案的不同组成部分及它们之间的相关信息，并且具备将电子档案存入档案库的功能，同时也要保存存入处理过程的记录。除此之外，还应当支持电子档案之间的相互关联。

（四）档案保存

为了实现电子档案的有效管理，首先需要准备合理的备份策略和备份数据，这样才能在出现机器故障或突发事件时保证电子档案和目录数据库得到备份与恢复。在电子档案管理系统中，系统应该记录备份数据和介质信息，同时还要对其进行监管与管理，确保能够使用备份数据恢复操作。其次，还要将备份和恢复过程中的信息记录下来。为了能够迅速应对电子档案存储状态的波动，如存储介质不稳定、存储空间不足、非授权访问、系统响应超时等问题，系统必须具备监测和发出警告的功能。同时，系统应跟踪记录处理过程，以确保问题得到妥善处理。为了保障电子档案的真实性、完整性、可靠性和安全性，系统必须拥有以下功能：能够检查电子档案，以确保它们没有被非法修改、删除或损坏，并提供电子档案的保护功能，同时记录长期保存期间的变动信息。

（五）档案利用

电子档案管理系统为了满足人们的使用需求，应该具备自动生成电子档案利用库的功能，同时还要能够有效支撑电子档案的检索、筛选和输出。在此基础上，系统需要符合国家标准，这样才能为使用者提供符合标准的电子档案。此外，系统还需要具有多种检索功能，如多种条件的模糊检索、精确的检索、全文检索等功能。此外，这一系统要能跨越全宗和各个门类之间，实现查询与重新检索，并且还要能让用户对所检索的结果进行查看和进行有选择的输出。电子档案管理系统还要提供线上申请、核准、读取、授权下载及打印等多项功能选择，这样才能便于用户外借电子档案。另外，我们需要记录用户对电子档案的使用体验和给出的相应建议与使用反馈等信息。这个系统应具备记录和存储用户相关信息的功能，可对电子档案进行注册，并采用技术手段确保在使用过程中不会被非法修改。系统在档案工作局域网内应实现在线利用电子档案功能，可以公开查询已公开发布的档案目录，如需浏览原文及下载，需登录后根据权限来提供相关服务，如无权限需向档案管理员申请，当档案管理员作出同意批复时，系统推送原文给申请人（可具体到哪一页），同时指定允许其利用的天数，系统将在指定天数以后自动回收其查阅权限，传输电子档案能运用自动添加防伪水印或数字签名等防伪防篡改技术手段。系统应能根据某个用户的检索和利用等历史记录，自动提供"用户相似档案需求推荐"功能，实现类似淘宝"用户相似需求产品推荐"，通过追踪、采集、记录用户行为信息，为用户提供符合个人需求的个性化推荐档案信息服务。

具备条件的高校应在微信公众平台提供档案利用平台，同时也应当开发智能移动端应用程序等档案利用平台，利用档案利用网络平台面向校内外教职工、学生、校友等用户提供各类档案、知识库的查询服务，实现预约查档，提供校友的学历证明、学位证明、成绩翻译业务的在线办理。系统允许档案管理员根据流程变化，自主设计档案利用的工作流程。管理员可以在平台上轻松地创建或编辑流程，还能够实现新业务的添加。除此之外，该系统还能够根据业务需要，为每个步骤分配特定的角色。微信公众平台和 APP 等新媒体的应用是为广大师生校友提供档案信息服务、校史咨询、校史信息推送等服务的重要途径，关注高校档案馆微信公众号后，可以呈现馆藏资源介绍等信息，如档案馆简介、地址、电话等基本信息，可以自动回复用户查询信息呈现档案馆地址、电话及服务时间等，以图文形式对档案馆、校史馆作出简明扼要的介绍、展示档案馆馆藏珍品档案、展示档案馆通知公告及工作动态、呈现各类档案的查询服务流程及办事指南等，提供档案远程利用所需提供的信息反馈，介绍各类档案归档要求、联系地址、电话等信息，以图文形式向用户提供各类档案信息服务常见问题的解答，发布档案征集有关信息，支持以音视频等多媒体交互形式展示校史资源。针对档案管理系统开发相应的移动端 APP，应支持苹果操作系统和安卓操作系统等主流平台，支持授权用户使用移动终端来进行档案平台查看、档案文件借阅与审批等操作，实现用户登录、快速导航、文章查看、视频查看、图片查看、档案检索、档案借阅、档案审批、档案订阅及系统设置等功能，支持扫描二维码查看档案、电子文件在线阅读、图片在线预览、视频在线播放等功能。

系统应具备档案编研功能，对档案编研成果进行管理。系统应能按专题中的关键词检索到相关的档案材料，提供编研的模板和素材库，对编研工作进行管理，档案编研人员可以建立编研计划、分配工作任务、审核编研文稿等，支持在线编辑、图像处理、复制粘贴电子档案内容信息等操作，发布或下载编研成果，提供把编研成果发布到档案门户网站、自助服务终端、触摸屏和光盘等功能。

（六）档案鉴定与处置

电子档案管理系统需要具备能够定义、配置和管理电子档案的鉴定与处置功能，这就决定了我们要建立一个具有制定、配备和实施有关鉴定与处理的策略、过程、条件的系统。此外，这个系统还要能够自动提醒保管期限到期，并且还要在这个系统中设置鉴定和处理电子档案的功能，鉴定电子档案主要包括对档案密级、价值和开放方面的鉴定。需要注意的是，在记录鉴定和处置过程时，应该将与这一过程相关的人员、鉴定与处置的时间、建议等详细记录下来，便于日后查阅工作的需要。要对电子档案销毁过程进行高效管理，系统应该具备对电子档案进行彻底删除的功能，同时还要将已销毁电子档案目录信息和销毁处理记录准确记录到系统中。

（七）档案统计

要实现电子档案的统计功能，必须在系统中设置相应的选项，使其能够按照档案的全宗、门类、格式、公开程度和年份等不同因素来分类和统计。除此之外，还需要对电子档案接收、整理、保存、鉴定和应用等关键步骤的状态进行统计，以便在特定时间段内进行监测。为了满足工作统计方面对于档案事业的需求，建议系统在默认设置中应当提供一些常用的电子档案工作统计报表。比如说，可以提供全国档案事业统计年报等报表。这样可以方便用户快速了解和分析档案事业的工作情况，提供报表制作工具，支持用户自定义统计报表，能自定义查询条件形成统计报表，便于开展国家档案局统计年报等档案统计信息工作和提供所需的各种统计报表。系统应实现对现有档案进行各种条件的统计功能，支持导出、导入、自动汇总等功能，支持自定义配置项，根据需求灵活地定制报表模版，并提供档案统计报表、直方图、饼柱状图等多种显示方式。系统统计方式应包括按跨库统计、按单库统计、按密级统计、按立卷单位统计、按门类统计、按时间统计、按关键词统计、按保管期限统计、按档案利用频率统计等，档案管理人员可以灵活配置统计项管理，具备报表自主设计与打印等功能。系统应支持档案利用服务在线统计，克服传统档案统计工作中信息实时统计欠缺的问题，应具备数据库频度统计、检索情况统计、检索词频度统计功能，并能通过自定义历史记录的时间段，自动生成检索统计走势图，实现对检索情况的统计分析功能。

（八）系统管理

电子档案管理系统应当对传统存储结构与电子档案数据库具备可定义和配置的功能。该系统需要具备定义和维护电子档案分类方案的能力，同时也支持电子档案类目结构的配置、修改、锁定、解锁、导入和导出等多项功能。该系统需要预先设置文书、科技和音像文件等系列中常用的档案类型，并能够支持会计、业务及其他特定类型档案的分类方案设置。除此之外，系统应具有对电子档案元数据和目录数据的定义与管理功能，并且包含若干常见电子档案元数据项目的内置选择。该系统还应该具备用户信息管理功能，这样才能确保系统管理员、系统安全保密员、系统安全审计员能够有效履行其安全控制的任务。此外，为了实现对电子档案的高效管理，该系统应该对用户进行分组、分类管理，并根据这些用户的功能与数据，对其进行相应的授权。另外，该系统还要具备对日志管理与分类的功能，这样才能准确有效地记录用户在使用电子档案时的所有行为与信息，包括浏览、存储和使用等信息。为了能够高效地记录和处理电子档案中的关键业务流程、档案管理行为及未经授权的访问等问题，该系统必须配备审计和追踪功能。

电子档案管理系统是数字档案馆建设的核心关键，系统项目的实现主要包括规划、开发、实施、维护和更新等建设阶段。系统建设初期要从全局对系统建设工作进行统一规划，做好可行性研究、项目预算、组织建设、拟定项目建设日程表等准备工作，在开发阶段要对本馆的业务需求进行详尽的档案管理业务分析，制订相关的业务规范，明确需求，购买或自主定制开发符合本馆业务需求的档案管理系统。系统实施交付时要根据学校的档案分类方案、保管期限、元数据方案、访问控制规则、系统角色定义等管理实际情况进行系统配置，在正式使用之前要通过各种功能、系统安全的各种测试，具备条件的建议进行第三方权威机构的安全等级保护测评等测试，使用前要注重对档案管理人员和部门归档人员进行培训，在运行使用后要组建合适的系统运行维护团队对系统进行维护和更新，保障系统的正常运行使用。

二、高校数字档案馆门户网站建设

档案网站是将各种档案信息和档案工作信息分类整理的应用程序，由档案机构在互联网上建立。它由多个相互关联的网页组成，并以视觉化形式呈现。高校档案馆的首要任务是保留学校的档案资源，同时宣传档案知识，并向社会提供有关档案信息的服务。档案馆网站则是重要的宣传档案工作、介绍馆藏资源和提供信息服务的平台。高校档案馆门户网站扮演着非常关键的角色，既可以宣传档案工作，又能够为大众提供档案信息服务。在数字档案馆应用系统中，它扮演着不可或缺的角色，并且是促进档案事业发展战略的关键组成部分。

（一）档案网站建设概述

档案网站的支持和作用是必不可少的，因为它有助于档案机构向社会提供服务、扩大档案工作的影响力及促进信息化水平的提高。在当今信息技术高度发达的时代，建设档案网站对于我国档案事业的进步和发展具有十分重要的意义。该平台不仅是各级政府档案馆在网络上发布公开档案信息资源和提供在线服务的主要方式，还是共享档案信息资源的主要基础设施。除此之外，建设档案网站也是评估档案工作信息化水平的重要指标，同时也是实现档案资源充分利用、走向社会化和服务化的前提和基础。因此，在当前档案事业和信息化发展中，加快各级档案网站的建设已成为极其重要的任务。

随着时间的推移，我国的档案部门已经走过了二十多年的发展历史。现在，其已经成功地建立了一个庞大的档案信息网站群。在互联网的背景下，各级档案管理机构都已经创建了各自的档案信息网站，这些网站主要有综合档案网站、城市建设档案网站和高校的档案网站，这些创建的网站为广大用户提供了丰富的档案资料和信息服务。在公共信息网络的背景下，建立档案网站可以为用户和大众提供丰富的档案信息资源和相关服务，使用户能够轻松地通过互联网访问和利用这些资源。为了实现档案的信息化建设进程，首先要做的是建立一个专门的档案网站。门户网站为档案部门提供了一个至关重要的信息服务通道，它不仅能够展示部门的形象和促进文化交流，还能为用户提供一个便捷的界面，使他们能够查询、获取档案信息和相关服务。档案网站的主要目标是向用户提供档案信息服务，但在此基础上，还需对网站内部的档案信息资源进行有组织的整合，这样才能更真实地呈现档案的文化内涵，并进一步优化档案资源的使用效益。

（二）高校档案门户网站建设现状分析

高等学府的网站档案在互联网上具有极为重要的作用，既能够展示学校的文化形象，也是学校与外界进行沟通交流的重要平台，高校网站的建设水平决定了学校档案资源的信息化水平。高校的档案门户网站是由高校档案部门创建的，该网站主要依赖档案信息资源为基础，为用户提供在线档案信息服务的专业平台。这个网站不仅能够使高校在网络世界中，向外界展示和推广，同时也体现了信息化时代的发展方向和社会信息化进程的基本需求。这个窗口为广大的教师和学生提供了一个便捷和高效的档案检索平台，教师和学生不仅可以通过该网站浏览馆藏公开的档案资源和信息服务，同时也能在其中检索到自己的档案信息。网站建设的核心目标是为教师和学生提供便利，使他们能够更好地利用档案资源。为了达成这一目标，必须有计划地组织多种档案信息资源。

经过多年的建设，高校已经基本上完成了数字档案馆的建设，现在拥有了丰富的资源，并建立了门户网站供人们访问。这些网站详尽地介绍了各种信息资源，供教师、学生和校友查询使用，包括馆内收藏档案、档案馆概况、工作动态、业务指导、档案服务、资源下载等板块，并提供友情链接。为了方便师生们查找档案信息，数字档案馆开设了专门的栏目，介绍本馆的档案资源和档案服务指南。此外，一些档案馆还着眼于展示本馆独特之处，强调其所拥有的珍贵档案资源和丰富历史渊源。这些网站不仅包含了档案法规和档案业务指南等实用工具，还提供了许多互动服务，以满足用户的更全面需求。针对高校档案门户网站的设计，整体而言设计得相当不错。考虑到网站服务对象主要为本校师生，其色彩、图文组合及动画效果都做到了整洁、自然、和谐和简约的要求，整体的外观和美感充分地突显了网站的优秀设计。所有的网站都遵循了规范，使用了以学校档案信息网或馆名命名的名称，并采用了校园网下独立的二级域名作为网址和域名。一般来说，学校的档案网站链接会被放在学校的附属单位或行政部门的页面下方，只需经过三次点击即可直接进入，这种设置方便了用户的查找。但与省级档案门户网站建设情况相比，部分高校档案网站建设还是存在以下问题。

1. 网站页面设计缺乏特色

网站的页面不但是人机交互、展示信息的窗口，更是评价一个网站建设好坏的关键指标。在大部分的高校档案门户网站中，都会存在一个显著的问题，即网站页面的设计没有特色，没有及时对网站进行维护与更新等。从缺乏特色这一问题深入来看，其存在的问题主要有四点：一是千篇一律的页面设计，页面的布局上都是对基本栏目进行了简单的排列，都是简要介绍了本馆概况、服务指南、工作动态、业务指导等信息；二是导航不明确，网站设计过程中并没有充分考虑到用户的使用习惯和需求，这导致用户难以快速地找到他们所需的信息；三是部分档案馆的网站结构设计显得不够合理，导致网站的总体布局显得混乱且层次不够分明；四是大部分档案馆都会列出服务信息和新闻公告的最新发布日期，但某些网站的信息发布日期可能是一年前或更早，可见缺乏必要的更新和维护工作。

2. 档案资源建设中特色资源不足

很多档案门户网站提供的信息资源都不够丰富，只涉及简明扼要的简介、使用说明、工作进展情况及公告通知，难以真正适应广大教师、学生的现实需要。在建设与利用资源方面，面临诸如经费、技术等种种挑战，造成学校师生对毕业档案、校友档案、科研成果、学籍记录和学历认证的要求没有得到完全满足，因此没有向其提供必要的检索服务。除此之外，在网站中建立的学校历史展览、名人档案等特色资源，由于只有文字和图片的支撑，没有视频的支撑，所以不能够充分地利用这些特色资源来达到宣传、教育等目的。

3. 服务范围狭窄

一些档案门户网站的服务范围较为狭窄，仅限于传统服务，重视提供基本服务，如档案馆介绍、服务指南、信息浏览等。这些门户网站尚未充分考虑利用网上档案馆、网上校史馆、视频档案和各种特色服务等资源，以满足个性化服务的需要。例如，它们尚未提供面向师生的资源共享、全文检索和科研成果查询等服务。许多档案馆网站未提供用户交流和咨询平台，如 QQ 和其他实时通信工具。许多档案馆网站需要增强互动性，这个图书馆的交流功能受限，因为它缺乏支持用户和馆员之间及用户之间交互的平台。为了加强与用户的互动，网站应该提供留言板、在线即时咨询及电话咨询等服务，以保证能够及时获取用户的反馈信息并迅速作出回应。否则，将难以实现在线互动和即时解答。部分高校档案馆只是创建了静态网页，而未进行真正意义上的网站构建。这些档案馆注重工作任务完成，但忽视了用户满意度、点击率、资源利用率等对网站发展至关重要的因素，这种做法对档案网站的发展及档案工作的进一步推进造成了极其不利的影响。

4. 服务意识淡薄

虽然用户服务与档案业务管理理应是相互关联的，但由于用户服务意识的不足，这直接影响了档案信息网站的功能设计。虽然定制的档案网站已经拥有了必要的功能，但由于用户对服务的重视程度不足，这些功能经常被忽视，导致其未被充分利用。人们通常将档案网站定义为那些提供丰富的资源和服务的网站，强调资源的丰富性和服务的质量的网站。一个项目团队曾对国内某省级的一个档案网站上进行过评估，评估结果显示，该网站应当更加关注用户的服务需求。如果档案管理机构未能充分认识到为用户提供服务的重要性，那么这将对其整体形象产生负面影响，并进一步阻碍档案信息资源的高效利用。此外，这也可能对档案信息网站的健康成长产生严重的负面影响。为了有效地解决用户服务意识不足的问题，我们必须同时考虑管理和技术两个关键因素，只有这样，我们才能取得预期的效果。

在档案网站的建设过程中，要注重观念转变、内容重塑、提升技术能力、注重用户需求。该网站不但要有大量档案资料，而且要有高效的检索工具来保证用户能快速找到自己想要的资料。另外，要想更加高效地服务于用户，就需要注重与用户的互动与交流，保证档案信息服务及时、全面、高效。许多档案网站过于强调炫耀自身，而忽视了提供优质的服务。这反映在它们的页面设计缺乏个性化，服务功能单一，导航混乱，缺乏互动性，仅能让用户了解档案馆的资源，而不能很好地引导用户如何利用这些资源。由于服务功能的不足，导致档案网站建设变得毫无意义，同时也伤害了用户的利益。

有些档案网站的设计风格比较朴素简洁，主要提供基础信息和工作动态等资料，但却缺乏搜索和互动的功能，其服务方式也相对单调。此外，这种类型的网站在为移动设备提供访问服务方面存在明显的不足，其核心问题在于，档案信息网站的技术水平相对较低，难以完整地展示馆内的档案资源，也不能为用户提供全面的档案信息服务，造成档案网站建设技术落后的因素主要有两方面：一是档案部门经常被人们忽视，同时给予其网站建设的资金也十分匮乏，使得该部门不能采购成熟商业软件进行档案网站建设；二是在人力资源方面遇到的瓶颈，缺乏既能熟练掌握档案业务，又具有高级编程开发能力的全面人才。这也恰恰是造成档案网站技术落后，功能不足的一个核心原因。

（三）高校档案门户网站建设的建议

1. 提高网站的设计水平

一些高校的档案馆网站目前仍未建成或无法在公网上访问，这表明部分高校对档案网站建设工作的重视程度不高，对信息服务的认识也较为薄弱。一个优秀的网站应该有清晰的构思和明确的建设理念，同时必须提供完善的导航系统，以便用户可以快速有效地获取所需信息。在制订栏目设置时，需充分考虑用户的需求，并可以为本站的资源提供一站式检索服务，这可通过设置统一的搜索引擎来实现。为了便利师生使用，那些被频繁浏览的网页应该设立快捷入口。此外，值得特别强调的栏目也要突出，如毕业生去向查询、校友档案查询、学籍档案查询、学历鉴定、科研成果查询、名人档案及学术交流等，这些措施可以充分发挥高校档案馆在教育和服务方面的优越性。为了帮助教师和学生更好地使用档案资源，档案馆应提供简单明了的使用说明书。这样一来，用户就可以更轻松地利用信息资源。除了要保持设计合理实用，网站的页面还应当注意美学效果，为用户提供视觉上的愉悦。

2. 重视档案资源建设

在高校档案馆的网站建设过程中，档案信息资源的建设占据着非常重要的位置。在建设档案信息资源时，其首要任务是加速档案数字化建设的步伐，并提高数字化档案的效益。档案的数字化进程是一个需要长时间和高度的连贯性的计划，不是短时间内就能完成的任务。在数字化的馆藏档案处理过程中，应该将用户的需求视为首要考虑的因素，并根据优先规则来确定数字化的优先顺序。优先选择利用效率较高、可公开利用的馆藏档案，并将其进行数字化处理，并满足用户多种需求。其次，有必要对档案潜在价值进行发掘与利用。高校档案馆应更注重档案资源的深度加工，而不仅仅是单纯的整理与保管，而是应涉及编辑、研究与制作各类档案素材等。为更加高效地传承与运用这些宝贵的史料，可将其保存为支持全文检索的双层 PDF 文件、音频与视频等多媒体档案。此外，还需增加档案网站的内容类型，以提高用户体验的多样性。最终，尽管档案馆收集了大量档案资源，但这些资源主要是以纸质形式呈现，来源散乱，不易于全面分类和数字化处理。由于缺乏统一的标准规范，档案信息无法在不同的数据库之间进行跨库检索和共享。因此，这些信息被孤立在各自的数据库中，形成了许多信息孤立的情况。这严重妨碍了档案数字化的进展。为了确保档案馆能够及时、准确、有效地汇总数据，高校需要在规划和规范方面进行投入，建立一个安全、稳定的数据采集和交换平台，以便管理归档信息。此外，学校还应该在共建共享整合信息资源的背景下，促进学校信息资源的互联互通，以适应数据协作的需要并提供良好的信息服务。

3. 以用户为中心，提供多渠道访问

档案馆网站建设的初衷在于提升服务质量，所以要加强服务意识，提高网站的服务水平和功能，以更好地达成此目的。高校档案馆应该认识到，除了提供基本的网站服务之外，运用最新的信息技术和服务手段对用户需求作出及时响应，并不断增加新的服务方式，以更好地满足用

户的需求。采用多元化的访问方式可以提升档案检索效率并获取更多利益，这些方法包括建立微信公众号来提供档案馆信息、开发数字档案馆的应用程序等，可以即时获取档案馆最新信息并向用户提供个性化信息推送服务。网站应该提供多种咨询服务方式，包括实时咨询、常见问题解答、官方微博、电子邮件等，以便用户可以更加方便地获取参考咨询服务。为了提高服务水平和用户体验，档案馆需要更加强化网站的互动功能，建立用户、馆员之间及用户与用户之间的联系和交流。为了增强网站的互动性，网站可以提供各种服务，如资源评论、站内短信、电子公告板和博客等，让用户以不同的方式参与交流。为了更好地了解用户使用档案馆网站的情况并评估相关信息服务，网站可以发起用户投票、评论等功能，收取用户反馈信息，并据此进行档案信息服务的改进和提高。

4. 加强网站宣传

随着信息技术的飞速进步，网站已经不再只是网络服务的主要形式，而且已经成为档案馆与外界沟通交流的主要媒介。高校档案馆网站应该增强宣传意识，主动利用多种渠道宣扬自己的特色和服务，并更加努力地为师生提供服务。此举可通过设立官方微博账号，定期发布各类服务信息，如新闻、展览、服务指南等得以实施。换言之，这一方法不应局限于特定形式，而应兼具灵活性。积极与其他档案馆网站建立友好的链接合作。通过传播电子邮件等方式，将档案馆网址等信息印刻在宣传资料上。只有广泛推广档案馆网站，让更多的用户前来使用，并有效地利用它所提供的各种服务，才能确保该网站持续的活力和发展。在高校档案馆的工作中，应当注重挖掘和利用具备特色的历史档案，以丰富多彩的档案信息资源为校史研究、校庆展览、大事记等领域提供支持，并发挥档案在历史教育和爱国主义教育方面的重要作用。在日常的工作中，需要确保网站始终保持良好的状态。为此，我们需要完成不间断的技术维护工作，包括检查运行服务器和保障网站安全；确保文件和信息资源安全性，需要实施一系列措施，如定期查看日志、记录文件并查杀病毒、建立防火墙并防止黑客攻击等。此外，为了保障服务器数据的连续性，在必要时还需要进行定期备份。更新网站内容包括两个方面：一是修正网站中已过时或错误的信息链接，同时及时添加最新信息资源，以确保网站信息的准确性和畅通性；二是更新网站形式，以使用户访问更加舒适和便捷。通过更新界面的布局、图片以及栏目等设计元素，可以让档案馆网站焕然一新，吸引用户持续关注，进而提升网站的访问量。除此之外，需要安排熟练的专业技能人员担任全职技术支持，以确保定期进行数据库和网站数据的维护和备份管理。

三、高校学籍档案管理系统建设

在高校档案管理工作中，利用率比较高的是学生个人的学籍档案，毕业生因出国留学、求职等各种原因，需要回学校来查阅自己的成绩，同时需要学校出具中英文成绩单、学历学位证明等材料，但学生的个人学籍档案多半是分散在学生处、教务处、研究生院等多个部门的归档材料中，学籍档案的查询利用工作量较大，所以对于高校来说，一个能集成学生个人学籍的档案管理系统是必不可少的。

学籍档案管理系统能从教务处、学生处、研究生院等其他部门业务系统的数据接口获取全校的学生数据形成电子档案，获取的学生数据主要包括学生入学基础信息、本科生/研究生学生成绩单、毕业信息、就业信息、毕业证书编号、学位证书编号、学生在校期间奖惩情况等信息，能把这些信息汇集起来归档形成系统的学籍档案门类，尽可能实现从各个学生管理业务系统中学籍信息等电子数据在线批量归档和管理，方便档案部门出具中英文成绩、学历学位、在读信息等各类格式证明，要求每份证明自动编号存档。该系统需具备学历证明翻译功能，能够涵盖本科、研究生学籍信息和中英文成绩，还需包括毕业证书、学位证书、在读证明等内容。此外，借阅材料可在线借阅，并在加盖电子签章后出具成绩单和翻译证明。在学信网的电子成绩单验证栏目中，用户可以对其进行验证，提高学籍档案的服务利用效率，从而提升学校的管理服务水平。系统同时应对学生的学位论文进行管理，学籍档案管理系统应具备以下几个功能。

（一）集成学生个人学籍档案电子卡片

学生的学籍档案真实记录了学生个人在校期间的点点滴滴和成长过程，是学生在学校学习、工作、生活等各种活动中形成的有保存价值的文字、图表、图片、视频、音像及其他各种形式的历史记录，是学校文化建设的重要组成部分。现在大部分高校由于管理方式变化，学生的人事档案伴随学生毕业离校后，档案馆留存的学生个人档案不多，可以利用学籍档案管理系统集成学生个人学籍档案电子卡片，长期保存学生个人在校的学习记录，不仅可以成为母校和校友之间长期交流的情感渠道，还能增强档案工作的影响力，同时也可以进一步挖掘和利用校友资源。

学籍档案管理系统应当从就业办获取学生姓名、性别、学号、毕业证号、报到证号、所在院系、专业名称、工作单位、档案接收单位、有无档案暂存协议、档案暂存期限、原籍所在地等毕业信息，从迎新系统中获取录取本科生、研究生、成人教育新生的姓名、学号、所在院系、专业名称、原籍所在地、原工作单位、入学照片等入学登记信息（包括新生录检表），从教务处、研究生院等教务部门获取学生退学、转学、转系、留级等学籍异动信息，同时获取培养计划、成绩信息、奖惩记录、学位论文、毕业照片、毕业证书编号、学位证书编号等信息，最后把这些信息按每个学生集成在学籍档案电子卡片中。

在校同学通过自己登录学校一站式服务平台或网上办事大厅即可查看自己在校产生的档案，相关部门自己管理，老师通过授权查看学生和校友的学籍档案卡片，已毕业校友登录档案馆网站通过授权查看自己的学籍档案。

按学生信息类别动态形成电子学籍卡片组，它由基本信息、培养计划、入学信息、录检信息、奖励、处分、学籍异动、毕业信息、档案去向等多个电子卡片组成，其中卡片组中的电子卡片及卡片上信息可由档案管理员动态添加。每个卡片上的信息都可在阅览时，可根据权限进行编辑修改，在其中一个卡片上修改信息内容，系统应该同时更新其他卡片上的相同信息内容，如更新了基本信息卡片上学生的学号、姓名、性别、院系、专业等内容，所有卡片上这些相同字段的内容应当同步更新。学位证书、毕业证书、学位论文、毕业照片等信息支持不同业务系统之间推送到学籍档案管理系统，批量上传等管理，也支持学生自己登录系统上传，档案管理员审核。

学籍档案电子卡片应当支持自助查询终端查询，同时应当与档案馆的自助终端进行对接，通过身份认证、自助验证等方式，师生、校友通过认证后即可自助查询个人学籍档案和自助打印自己的成绩单等个人信息。

（二）提供可信电子成绩单

高校在学生毕业时已经对学生的纸质成绩单或电子成绩单进行归档，但对于学生个人来说，继续深造或寻找工作过程中需要提供成绩单证明，这时学生往往已经离开学校，如何为学生远程提供一个原始、真实、可靠、完整的成绩数据对于学校来说是一项重要的工作。这样的远程利用方式不仅避免了校友往返学校查询纸质成绩单档案，节约了大量的时间和费用，同时可信电子成绩单的提供也避免了纸质成绩单容易污损、丢失和不容易验证的缺点。

目前，中国高等教育学生信息网（学信网）已经可以提供在线电子成绩单验证，北京大学、清华大学、北京科技大学、中国农业大学、中国地质大学（北京）、重庆大学等高校签名颁发的电子成绩单已经能实现在线验证。高校在建设学籍档案管理系统时应该考虑使用电子签名技术实现可信电子成绩单，有效提升成绩单防篡改能力，充分保障成绩单的真实性和完整性，让高校与学信网实现数据互通、成绩速检，出具的电子成绩单通过教育部官方权威机构——学信网的认证，有效提升了本馆出具的成绩单在国内、国际范围内的受认可程度，这样的远程成绩查询办理方式避免了校友往返学校办理档案查询业务耗费时间和精力，省时省力，让"数据多跑路，学生少跑路"，有效提升了学校的管理水平和业务处理能力。

高校在设计可信电子成绩单方案时应遵循《中华人民共和国电子签名法》等法律法规和标准规范的要求，运用第三方电子认证服务机构提供的合法电子认证服务及相关成熟产品，为高校可信电子成绩单的生成、应用、归档提供全面的技术支撑，促进业务安全可靠开展。一般采用 OFD 或 PDF 等版式文件格式作为电子成绩单载体，保障电子成绩单格式固定，不受系统、软件升级等限制，保证长期可用。通过建设可信电子成绩单服务系统，为电子成绩单增加可视化可信特征，保障电子成绩单的真实性和完整性，并建立符合法律要求的责任认定和抗抵赖机制，引入第三方合法电子认证服务机构颁发的数字证书，代表成绩单签发高校的真实身份。

学籍档案管理系统提供可信成绩单的业务流程如图 5-2-1 所示，先从档案管理系统中提取学生基本信息、所选课程、课程成绩、培养计划、学分等信息，生成 PDF 等版式文件，通过第三方合法电子认证服务机构提供的 PDF 签章、时间戳等数字签名加密服务对 PDF 等版式文件进行加密，生成可信电子成绩单（见图 5-2-2）。生成的电子成绩单，学生可以在学信网网站进行验证及认证（见图 5-2-3），也可以在高校自己搭建的在线电子成绩单真伪验证平台进行自助认证（验证 PDF 文件签名的原理和学信网验证一致）。

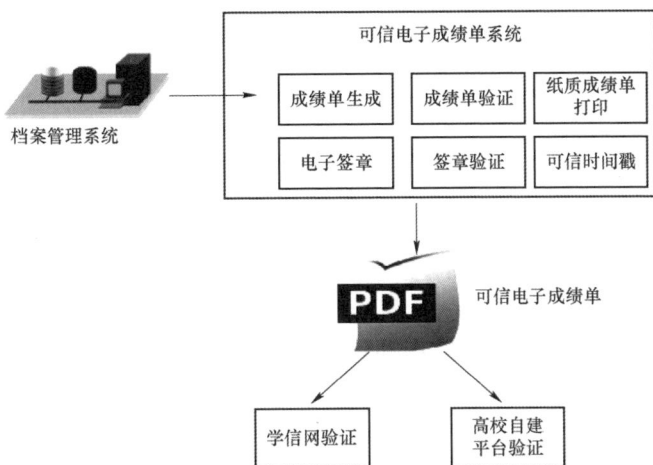

图 5-2-1　提供可信电子成绩单总体架构图

图 5-2-2　可信电子成绩单生成流程图

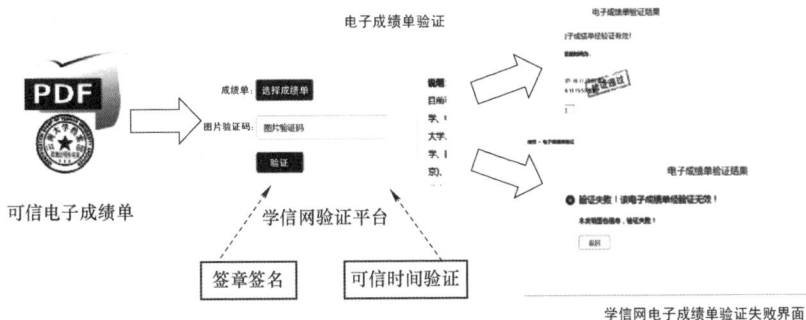

图 5-2-3　学信网验证电子成绩单流程图

在学籍档案管理系统中集成可信电子成绩单功能，基于电子签章、时间戳等技术实现的可信电子成绩单解决方案，保障了电子成绩单的原始性、真实性、完整性、安全性，可直观、有效地向成绩单验证方展现成绩单是否被篡改、印章是否被冒用，减小了成绩单真伪辨认的难度，电子成绩单的出具，优化了成绩单办理方式，加快了成绩单办理流程，提升了学校的业务管理水平及工作效率，更好地为学生服务，同时也为社会节约了大量的人力和财力。

（三）中英文成绩和学历学位证书翻译

随着高校学生出国继续深造、就业和高校国际化的不断发展，英文成绩单、英文学历学位证书证明的需求也越来越多，现在大部分高校新设置的培养方案中专业、课程都包括了中英文名称，但不少已毕业学生的培养方案和成绩里面没有英文，对于学籍档案管理系统来说，中英文成绩和学历学位证书翻译功能是必不可少的。

学籍档案管理系统应能出具本科生、研究生的中英文成绩、毕业证书、学位证书、在读证明等翻译材料，支持从其他系统的数据导入导出系统功能，可以对系统中院系、专业、课程的中英文数据词典进行维护，支持学生通过微信公众平台或档案门户网站对要翻译的材料进行预约，可以对在校证明、成绩单、毕业证书、学位证书进行中英文翻译并打印或生成可信电子成绩单文件。

（四）集成学位论文管理功能

学位论文是学生为获得学士、硕士或博士学位而撰写的研究报告或科学论文，大部分高校档案馆均会长期保存学生的学位论文，学籍档案管理系统中应当集成学位论文管理功能，实现馆藏学位论文和需归档学位论文的管理，完整收集学生在校学习产生的所有记录。系统应具备学位论文信息输入、开题/答辩/评审表格图片输入（拍照、扫描及对已有资料的导入）、信息统计打印、光盘发布存档、优秀论文展示、论文归档、论文审批、论文提交、纸质论文管理等功能，支持学生个人登录系统后自己提交本人学位论文信息，可以录入论文的基本信息、开题报告书、评审表、答辩记录表、提交论文原文等信息，论文提交完成后档案管理人员可以对学生提交的材料进行审核，对不合格的材料回复"材料不合格"信息，学生可以实时了解到论文状态。对于论文提交合格的数据可以进行归档并打印出论文目录等相关信息，可以根据权限控制学生自己只可以看到自己的论文。

四、高校档案数字化加工系统建设

档案数字化加工是数字档案馆建设的一个重要组成部分，主要是利用计算机、扫描设备、图像处理技术、音视频处理技术等信息技术将传统介质存储的各类档案经过数字化加工处理，转化为档案数字资源，用档案管理信息系统统一管理，方便档案资源的存储、管理和利用。经过多年的档案数字化加工进程，档案数字化加工系统现在已发展得较为成熟完善，档案管理系统中都配备了数字化加工功能，便于档案部门开展馆藏资源数字化加工工作。

因加工传输处理的档案数据量较大，同时综合考虑加工系统主要部署于档案工作局域网以保证安全等因素，数字化加工系统一般采用客户机/服务器和浏览器/服务器两种模式结合，主要包括数字化加工流程管理、作业流程控制管理、工作人员管理、档案数字化加工管理、批量格式转换管理、数据自动备份管理、工作情况查询统计管理、批量导入及导出等功能。纸质档案数字化包括档案扫描、图像处理、图像存储、目录建库、数据挂接等功能菜单，能接入扫描仪，在线实时扫描，在线图像处理挂接并存储，声像档案数字化的功能和纸质档案数字化类似，只是纸质档案数字化存储的对象为图像文件，声像档案数字化存储的对象为声音、视频等多媒体文件，数字化加工的流程是一致的，系统能有效管理各类音像档案、图片档案、录音档案等声像档案资源，参照文书档案管理要求和管理结构，对档案资源进行灵活的编目著录，数字化全流程管理，确保档案文件收集、整理、编研、查询及再利用，支持对声像档案资源采集、上传，在线组卷、智能组卷，提供完善的统计功能，无论

183

是什么类型的档案信息资源，系统都能实现馆藏档案数字加工和处理业务的流程化管理。

对于纸质档案的数字化加工，系统可以实现纸质文件的在线扫描、处理和上传，支持采用国际标准的 TWAIN（Technology Without An Interesting Name，一个软件和数码相机、扫描仪等图像输入设备之间的通信标准，目前市面上绝大部分扫描仪都支持该标准）接口驱动的扫描仪，支持直接连接扫描仪进行纸质档案的扫描上传，支持单/双面扫描，可以进行插入扫描、追加扫描、替换扫描及删除扫描，可以对扫描件进行编辑（自动消蓝、自动纠偏、自动去污、自动旋转、自动去黑边、自动裁剪、自动去噪点等），自动生成 TIFF、JPEG 和 PDF 文件（提供从 TIFF 自动转换为其他格式功能），提供众多的批量图像处理功能，支持文件名批量命名，支持文件名自动增长，可采用文件传输协议方式批量上传电子文件并批量自动挂接到对应的每一件档案。

光学字符识别（Optical Character Recognition）功能是纸质档案数字化加工的必备功能，OCR 是采用光学的方式将纸质文档中的文字转换成为黑白点阵的图像文件，并通过识别软件将图像中的文字转换成文本格式文件的技术。通过 OCR 识别功能，档案数字化加工系统能够将纸质档案的文字内容转化为电子文本，进而实现全文内容检索，提升档案资料查找的准确性和全面性。此系统可进行大量 OCR 批处理，可同时处理多个文件，支持批量处理单一文件或多个文件夹（包括子文件夹），并可自动进行矫正及版面分析。此外，系统也支持多语种的文字识别，包含中文简体、中文繁体、英文、日文等语言。

经过 OCR 识别后的档案数字资源是一个图像和文字混合的文件，大都使用双层 PDF 格式文件来进行存储，方便档案管理人员对其进行管理和利用。双层 PDF 格式文件是一种具有多层结构的 PDF 格式文件，是 PDF 文件衍生的一种文件，上层是原始图像，即用户浏览时看到的原文图像，下层是文字，可以提供给用户选择文字进行复制、粘贴和全文检索等,上下两层位置一一对应。纸质档案经过数字化加工转换为双层 PDF 文件后，在此基础上与档案系统中的目录和元数据挂接后，即可使用档案管理系统创建为索引文件存入数据库，实现档案资源的全文检索，得到高查全率和查准率，提高档案资源的利用价值。

照片档案的数字化加工方式与纸质档案高度相似，只是在扫描分辨率等方面需设置更高参数（一般不低于 600），使用更清晰的图像长期保存照片档案，以便更加真实地还原照片档案中的历史场景和人物特征。

录音录像档案的数字化加工处理也和纸质档案相似，只是加工的设备从扫描仪替换为放音机和视频采集卡等音视频处理设备。数字化加工系统同样需要考虑整个录音录像数字化工作的组织与管理，包含档案出库、数字化前处理、数据库建立、信息采集、音视频处理、数据挂接、数字化成果验收与移交、档案归还入库等全过程。设置不同的音频采样频率和视频码率，录音录像档案通过数字化保存为不同格式数字化文件的容量相差很大，效果也有很大差别。为了确保录音录像档案的内容准确呈现且方便在网络上传输和使用，需要生成多种数字文件格式来满足不同需求。为了长期保存和还原原始档案的所有内容特征，在数字化加工录音录像档案时，建议使用高压缩率或无压缩格式的数字化文件进行保存。使用数字化加工系统时，可将原始文件进行压缩转换处理，生成低压缩率格式的数字化文件，以方便快速的网络传输和应用。当前，随着"读图时代"的崛起和新媒体的迅猛发展，海量的照片、音视频档案已成为档案部门必须关注和重点管理的对象。

深度学习技术在计算机视觉和声像档案管理领域均得到广泛应用。通过结合深度学习技术和计算机视觉技术，我们能够智能化管理声像档案。通过特征提取和比对的方式，我们能够训练模型并自动提取照片档案中的人物、场景、建筑和文字等信息，将其转化为文字说明。同时，我们也可以将音频内容转换为文字形式，实时检测视频档案中的目标并将其转化为文字说明。这种自动化档案分类、数据记录和信息检索方法可以显著减少传统声像档案管理中手动记录工作的复杂性和低效率，并提高内容可视化的水平。这项智能管理技术可方便且有效地利用声像档案资源，并深入开发其潜力，为声像档案智能管理提供理论支持和实践指导。

第三节　高校数字档案馆资源建设

电子档案是一种有证明、可检索及有保留价值并且需要归档保存的电子文档。各种电子设备包括计算机进行记录、处理、传输和储存形成的各种电子文件，是在履行法律责任或处理业务过程中，由国家机构、社会团体或个人所制作。电子文件的三个重要组成部分包括其内容、结构和上下文。高校数字档案资源建设的核心内容包括：搜集数字化文件并采用系统化管理方式进行归档；将古籍文献进行数字化处理并转换为电子形式；整理和加工档案资源；建立不同主题和类别的专题资源库。

为确保电子档案的真实、可靠、完整与可用，提升传统载体档案数字副本的法律认可性，应在数字档案资源建设全程实施质量管理与控制，按照电子档案门类应齐全完整、各门类下电子档案应齐全完整、关于同一项业务的往来电子档案应齐全完整、一件电子档案的组件及构成要素应齐全完整、纸质档案数字副本应齐全完整、基本元数据应齐全完整，形成、收集并归档的电子文件及其元数据的收集、整理、编目、著录、格式、品质等符合国家标准规范的要求，确保数字档案资源质量符合档案管理的要求。

一、高校数字档案馆电子文件归档接收

随着数字校园建设工作的推进，办公自动化系统、教务管理系统、

学生管理系统、科研管理系统和财务管理系统等业务系统的大量应用，海量电子文件不断产生，形成了大量具有保存价值的文书类、科技类电子文件，成为高校电子档案的主要来源与重要组成部分。对于高校来说，各部门业务系统的电子文件归档接收工作是档案资源建设工作的重中之重。

（一）高校电子文件的形成、收集与整理

高校电子文件的形成、收集与整理要按照齐全完整性要求以通用格式形成、收集高校电子文件，在归档前完成高校电子文件的整理。根据注册信息，多种业务系统（如办公自动化、教务、学生、科研和财务等系统）可以自动分类保管期限表，或由电子档案管理系统收集和整理信息，这些方式都不会改变文本的意思。电子档案管理系统可以自动地完成对网页、社交媒体电子文件的归档，无需人工干预。高校档案部门应该努力收集电子文件，特别是在业务系统的电子文件编制和办理过程中积极争取。高校电子文件管理部门会负责收集声像类电子文件以及通过办公、绘图等软件产生的文件，并将它们录入电子档案管理系统中，或者采用手工方式完成这一收集过程。高校在起草和处理电子文件时，需要彻底、充分地搜集关于文档、科技、专业等方面各种类型的电子文件元数据。另外，还需要搜集电子文档和其组成部分，以确保高等教育电子文档的内容与创作时保持一致。如果想要将电子文件以公务电子邮件的附件形式交换和传输，那么必须先将其下载下来并整理归档到业务系统中，或存储到专用文件夹里。

（二）高校电子文件的归档与编目著录

高校需要借助业务系统、归档接口和数字档案馆应用系统等技术手段，以实现电子文件和相关元数据的存储和归档。高校的档案部门在遵循制度授权的前提下，可以通过与业务系统约定的方式来进行电子文件

的归档，这个过程需要遵循相应的数据标准和接口标准。档案部门可以选择定期自动将待归档的电子文件及相关元数据发送至中间池进行归档，或者在文件生成的部门确认后再提交归档操作。在数字档案馆应用系统的暂存库中存储归档电子文件和元数据后，应该生成一个电子校验码来确保档案的真实性，并自动完成电子文件及其元数据的清点、鉴定、登记、形成《电子文件归档登记表》（见表 5-3-1）等主要归档流程。具体来说，包括清点归档电子文件及其元数据的数量，确认归档电子文件及其元数据一一对应并正确挂接，鉴定格式规范性与可读性，形成《电子文件归档登记表》等。高校电子档案是在所有流程完成后，将电子文件和相应元数据进行正式归档保存而形成的。

表 5-3-1　高校电子文件归档登记表

单位名称	
归档时间	归档电子文件门类
归档电子文件数量	卷　　件　　张　　分钟　　字节
归档方式	□在线归档　　□离线归档
检验项目	检验结果
载体外观检验	
病毒检验	
真实性检验	
可靠性检验	
完整性检验	
可用性检验	
技术方法与相关软件说明 登记表、软件、说明资料检验	
电子文件形成或办理部门（签章） 　　　　年　　月　　日	档案部门（签章） 　　　　年　　月　　日

注：归档电子文件门类包括文书、科技、专业、声像、电子邮件、网页、社交媒体及其他。

　　高校电子档案的编目包括编制档号、著录与形成案卷级、文件及目录等业务活动。经业务系统形成并归档的电子文件，需手工著录的内容，如题名、附件题名、责任者、分类类目名称等，应由文件拟办人员在拟办过程中以手工或半自动方式赋值，高校档案人员只需对著录内容予以审核、确认。高校档案管理人员需要在整理和审核过程中，同时处理电子档案和纸质档案。他们需要审核和确认指定电子文档的保管时间和分类结果，并纠正任何不合理或不准确的信息。一旦排序结果确定，他们就必须为电子档案和其组件分配文件级档号或唯一标识符，并根据此进行重新命名。除此之外，还需要更新计算机文件名的附加信息。根据《档案著录规则》和《录音录像档案管理规范》的要求，需要对电子档案和纸质档案进行更加详细和全面的著录，以确保主题内容和形式特征得到准确、规范、客观的描述。完成整理和编目后，必须把包含电子资料和相关元数据的数据文件及实物的目录信息存储到电子资料管理系统的正式库中。在这个过程中，还应按照高校部门的分类方案，有序地将电子档案和其组成部分进行分类，以便存储和管理。

（三）业务系统配置电子文件归档功能

前端控制思想以文件生命周期理论为基础，强调对电子文件的归档控制应起始于电子文件生命周期的开端，并贯穿于高校部门对电子文件管理的整个过程（见图 5-3-1）。在前端控制思想指导下，原有的、属于档案管理阶段的管理环节要前移到电子文件的形成阶段，以便前期规划设计、按需要捕获、控制相关文件和信息，保存档案元数据，保证转化成档案的电子文件具有必要的背景信息，达到电子文件归档和作为档案长期保存的要求。在高校数字档案管理过程中，电子文件通过计算机进行处理和传输时，对高校电子文件的增、删、改等行为运用前端控制思想，加上标识，记录高校文件的背景信息（如记录载体、加密等级和使用权限等）和元数据，从源头保证高校电子文件原始性、真实性，保障高校电子文件信息安全，避免高校电子文件失真、失控、失踪现象的发生。

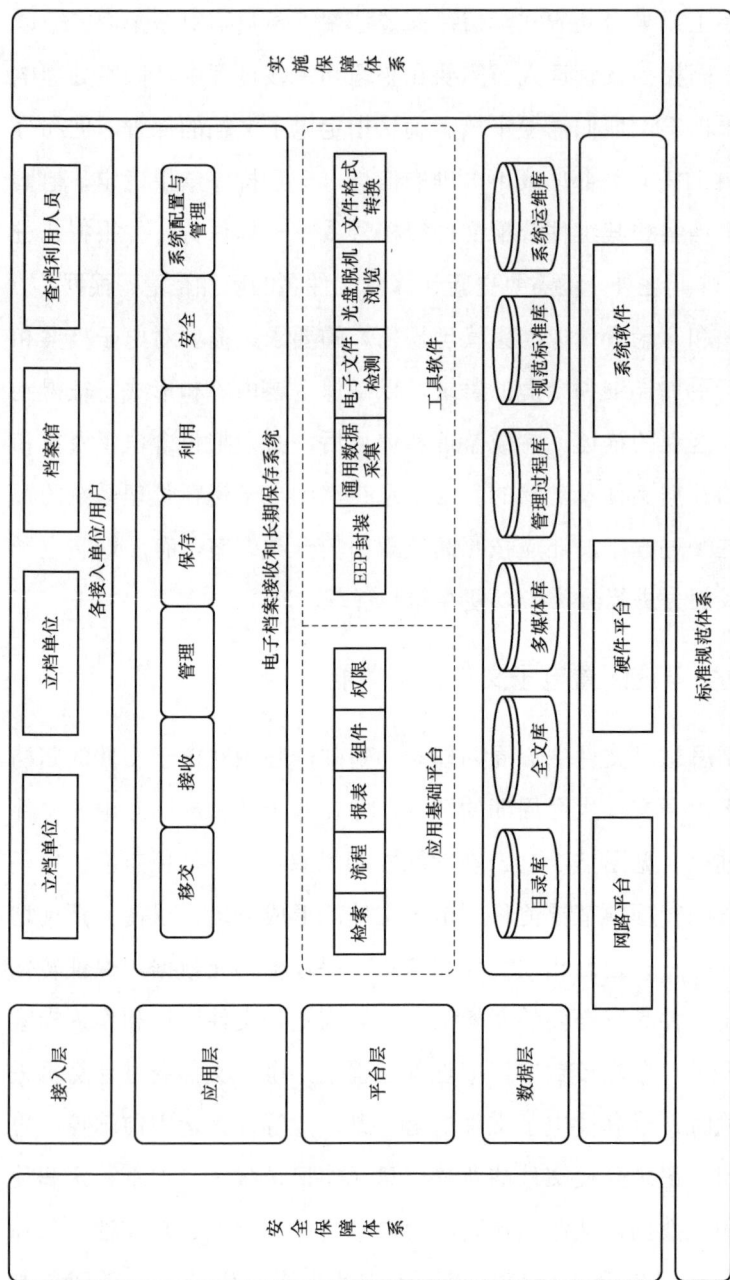

图 5-3-1 高校电子文件归档接收系统应用架构

业务系统电子文件归档的最大特点是必须依赖系统的电子文件归档能力（即电子文件管理功能）方能实现，这是高校数字档案资源建设顺利实施的关键所在。目前的业务系统普遍存在一个问题，那就是没有归档功能。如果不解决这个问题，将会极大地妨碍电子文件归档工作的顺利进行。根据电子文件归档要求，解决上述问题的要点有两个方面。

加强高校电子档案的储存和组织管理体系的建立。高校需要制定全面的电子档案管理计划，明确各部门的责任及任务，并确立详尽的规章制度，其中包括文件质量标准、归档范围、归档时间、归档方式、归档接口和归档程序等，以确保技术实施和具体业务实施的有效展开。高校信息化部门和档案部门应该协作，共同担负起设计、开发和实现业务系统电子文件归档功能的责任。为了更方便地操作和管理电子文件，拟办人员或业务办理人员在处理前应对文件进行分类、划分保管期限，并与相关电子文件及其组件关联，以完成前期整理工作。

建设满足电子文件归档要求的业务系统。如果已经运行的业务系统缺失电子文件归档功能，应按照电子文件归档功能需求予以改造。业务系统电子文件归档功能需求至少包括内嵌电子文件分类方案、保管期限表，支持在电子文件办理完毕前或业务流程结束前完成电子文件整理活动，以确保应归档高校电子文件被齐全完整地收集、存储；设置强制性功能确保来文及其附件的齐全完整；按照电子档案格式要求形成电子文件及其组件；自动采集电子文件基本元数据；具有关联往来电子文件及其组件功能的命名规则，通过计算机文件名元数据在业务系统内、外建立电子文件（含组件）与其元数据之间的关联关系；归档前将带印章或亲笔签名笔迹的电子文件转为 OFD、PDF 等版式文件格式；业务流程中的纸质文件数字化；按归档接口要求生成归档数据包，提交归档；业务系统与数字档案馆应用系统之间的归档接口。

二、高校数字档案馆纸质档案数字化原则与流程

目前大部分高校档案馆馆藏档案载体还是以纸质为主，纸质档案占用的存储空间较大，保管成本高，利用过程中容易磨损，并且不利于检索利用，难以满足用户日渐增长的对信息资源的档案服务需求。纸质档案数字化的目的是更好地保护档案原件，提高档案服务效率，方便档案管理人员和利用者使用档案数字资源。与传统的档案服务模式相比，数字档案资源在档案检索（全文检索）、提供利用、保护原件方面有较大的优势，对馆藏档案数字化，有利于档案数据信息的传输，实现档案信息共享，在日常档案利用过程中使用档案数字化副本，有利于保护档案原件，开展远程档案利用后，"让数据多跑路，利用者少跑腿"，有利于档案利用者方便、快捷地查阅档案，使用光学字符识别等技术可实现对档案的全文检索，有利于档案信息资源的深度开发利用，所以在今后较长一段时间，纸质档案数字化是高校数字档案资源建设的一个重要途径，通过数字化转换形成纸质档案数字副本，导入数字档案馆应用系统保存、利用，能够以方便、快捷的方式为档案利用者提供高水平的档案服务。

（一）高校纸质档案数字化的原则

1. 标准规范性原则

要实现高校档案数字化，必须遵守标准规范，这是保障档案数字信息可靠性的重要前提。数字化处理的档案信息应当遵循已确定的技术模式、文件格式和工作标准，同时采用通用标准，以确保档案信息的质量和一致性。数字化档案的主旨是将馆藏的档案信息资源以数字化形式呈现，有效提高这些资源的准确性、易用性，并且能够迅速地获取所需信息。将档案数字化不仅可以保护馆藏档案资源，还有助于促进档案信息资源的共享，从而满足社会对档案利用和信息服务的要求。为了保障数

字档案的存储和传输的效率，避免出现不必要的阻碍、浪费和无效行为，避免因存储格式和软件平台的不兼容而降低档案信息的共享效率，必须确立并实施一套通用的标准和规范。纸质档案数字化应遵循《信息与文献信息数字化实施指南》（ISO/TR 13028—2010）《文献档案资料数字化工作导则》（GB/T 20530—2006）《纸质档案数字化规范》（DA/T 31—2017）《档案服务外包工作规范第 2 部分：档案数字化服务》（DA/T 68.2—2020）《档案数字化光盘标识规范》（DA/T 52—2014）和《档案数字化外包安全管理规范》（档办发〔2014〕7 号）等标准规范提出的建议和要求，并根据部门的情况制定相应的技术规范和管理制度细则。

2. 安全性原则

安全是高校纸质档案数字化的前提条件。高校纸质档案数字化只有遵守国家有关安全保密、知识产权和个人隐私保护方面的法律法规，才能保证高校档案数字化的有效进行。高校档案数字化在给档案馆带来方便的同时也带来不少安全隐患，高校档案部门在对馆藏档案进行数字化加工时，会出现较大的安全隐患，必须采取相应措施有效降低安全隐患。

在高校纸质档案数字化时，一些涉密档案、敏感档案最好不要进行数字化外包。在开展高校档案数字化外包时必须构建符合本单位实际情况的安全防护体系，采取相应的安全保护措施确保档案原件与档案信息的安全。为了避免档案服务外包带来的损失和泄露，高校档案馆需要建立和执行一套完善的安全管理体系，以保护档案实体、国家秘密、商业秘密和个人隐私。为确保安全，必须始终贯彻预防胜于治疗的方针，并通过全面持续的监测来保障安全。为了保障客户的隐私和机密信息不被未经授权的人员获取或接触，高校应设立保密机制，应根据档案服务业务单元、项目的特点和需求，取得相应保密资质，应了解国家法律法规和相关方的要求，明确秘密事项的对象范围、秘密等级及其具体要求，并结合档案服务活动中涉及国家秘密、商业秘密和个人隐私的各个环节，制订保密制度，采取严格的保密措施，应对组织内部关键岗位实行保密安全责任制，确保保密措施的具体落实及泄密责任可追究，应与员工签订书面的保密协议（或保密承诺书），要求员工承诺在工作过程中不摘抄、删改、复制、泄露档案部门的档案和其他信息，发包方应自行或要求承包方在档案数字化加工场所安装视频监控系统。为确保档案数字化加工场所安全，应建立视频监控系统，覆盖场所出入口、档案存放区、信息存储区和工作区，实现全面监控。为确保监控系统的有效管理，档案馆应当指派专人负责监控系统的日常维护和管理工作，数字化承包单位则应当接受档案馆的监督和管理。视频监控数据需至少保存 6 个月，并定期进行回放检查。在删除数据前，必须保留回放记录，此项规定从数据生成开始实行。高校档案馆应对交付的高校档案数字化加工的各种存储介质、视频监控数据及回放记录、工作人员变更记录等进行安全检查，对自带的各种硬件设备和软件系统进行检查，以确保其无信息留存，凡存有信息的在档案数字化外包服务验收后，须作清除信息的安全处理。高校档案馆应将自带设备的硬盘予以拆除，并将其与数字化加工过程中使用过的其他移动存储介质一并予以接收。

（二）高校纸质档案数字化的组织管理

高校纸质档案数字化是一项庞大的系统工程，工作涉及档案、人员、数字化加工设备与技术等，最终的目的是高质量的档案数字资源数据。纸质档案数字化工作需要档案部门投入大量的人力、物力和财力，同时需要对数字化的整个工作流程实施有效的组织和管理。

1. 组建数字化相关组织及人员

高校档案数字资源建设是信息社会发展的要求，是档案管理工作的一个重要内容，但在实际的建设过程中会出现因为管理不善或技术方面的原因而发生最后的档案资源不尽如人意的问题，同时可能会出现不宜公开的档案信息泄露，丢失、破损档案原件，删除、篡改档案信息等安全问题。在数字化工作中如何保障档案原件和档案信息的安全，如何确保数字化成果与原始档案信息相符是主要挑战，因此质量控制成了非常关键的一环。为了确保数字化工作的正常推进，档案部门应该成立一个专门负责纸质档案数字化工作的机构，该机构的职责包括整体规划、组织实施、协调管理、保障安全性、进行技术测试和验收等各个方面的工作。

高校数字化工作组织应制订纸质档案数字化的总体规划和年度计划，对整个工作实施有效的组织和协调，起草制订档案数字化过程中的各类规章制度、标准规范及实施细则，对要进行数字化的档案实施前处理，对其进行整理，确保质量达到要求，对数字化加工过程中的全程监管，对数字化加工成果实施质量检查，保证档案数字化工作的顺利实现。

高校档案部门需要雇佣不同能力的工作人员，以便能够高效地开展工作。这个团队由一些管理人员组成，他们精通档案业务，具备卓越的调查研究和组织领导能力；还有一些技术人员，他们了解相关规范标准，能够提供数字化工作所需的技术支持；此外，还有一些操作人员，他们熟练掌握数字化基础知识，并了解本职工作。需要建立一套科学合理的管理机制，以规范员工的行为。如果要增强数字化工作的安全性，那么在实施数字化外包的时候，需要加强外聘员工的审核。

2. 配备基础设施

为了提高高校档案数字化处理的效率，需要为档案部门规划专门的加工场地，分别设置档案存储区、数字化前处理区、档案著录区、档案扫描区、图像处理区和质量检查区等不同的工作区域，并合理设计布局。选定加工场地时，需要考虑档案实体的保护，并确保环境温湿度等因素得到恰当的控制。为了确保场地的安全性，必须全方位地进行管理。这包括安装能够覆盖整个场地的设备，如防火、防水、防虫、防盗报警和视频监控等。此外，在安装设施时，还需配置消防系统、安全防范系统和视频监控系统，以保障其安全性。确保档案数字化场所的安全性及数据的保密性，我们应当建立严格的数字化工作场所人员进出制度，并采用门禁系统，只准授权人员进入。定期检查数字化加工场所，同时也要及时查找问题并解决，以预防各种档案安全事故的发生。高校档案部门需要确保配备了专门的加工设施和安全措施，并且要合理规划、分配和管理所需的数字化设备和设施，以确保这些设备安全可靠、先进实用，并且能够满足数字化工作的需要。

3. 制订工作方案和管理制度

为确保高校纸质档案数字化工作能如期完成预定目标，高校档案部门应进行充分的调研和研究，以制订科学合理的工作计划。高校需要规划数字化档案计划，其中需要明确转换的资料、目标、步骤、成本、技术标准、验收标准、人员安排、责任分工、进度和安全措施等。这些计划旨在确保数字化工作的高效性和安全性，同时保证文件内容不受影响。对于数字化档案的选择，需要综合考虑档案的重要性、开放程度、使用频率、紧急程度以及数字化费用等多个因素。高校需要邀请专家审核纸质档案数字化工作计划，以确保计划符合科学、规范和合理的标准。高校必须在审批通过后，认真实施纸质档案的数字化工作方案。在数字化工作流程中生成的其他文档和工作方案审批结果应一同归档保存。

高等院校的档案管理部门应当制定科学、规范的管理制度，以确保档案的安全性和数字化成果的质量。在数字化过程中，必须严格遵守这些制度。高校应当建立全面的数字化管理体系，包括规定运营岗位、人员职责、场地管理、设备维护、数据备份和实物档案管理等多个方面。主要为了明确数字化工作中每个岗位的职责和工作目标，并规范岗位业务流程、考核标准以及奖惩措施等，以确保数字化工作的高效进行。人员管理制度的核心目的在于确保人员在安全责任、日常行为、审核和管理外聘人员信息及处理非工作人员访问等方面能够遵守规范。场地管理制度的主要目的是规范化人员进出、基础设施、环境、网络、监控设施、现场物品和证件等方面的管理，以保证其有效性。设备管理制度主要是为了规范数字化工作各个环节所涉及的所有设备的管理。数据管理制度的主要目的是规范数字化环节所产生数据的管理。档案实物管理制度旨在规范数字化过程中档案实物的交接、管理和存储等方面的工作。

4. 数字化工作流程控制和文件管理

为了保证纸质档案的数字化质量和结果品质，高校的档案部门应严格按照相关法规和技术标准建立标准化的工作流程和操作规范，并进行数字化控制。高校纸质档案数字化流程包括以下步骤：从档案库中取出档案，进行数字化前的操作，扫描档案，处理图像，将数据与其他相关信息连接起来，进行数字化成果的审核与移交，最后归档数字化档案（见图 5-3-2）。为确保高校档案部门在进行纸质档案数字化过程中的全面安全管理，需采取更加强有力的措施。他们应该建立一个有效的问题反馈系统，使得在纸质档案数字化的前端阶段发现的问题能够及时反馈和修正，确保后端阶段的顺利进行。

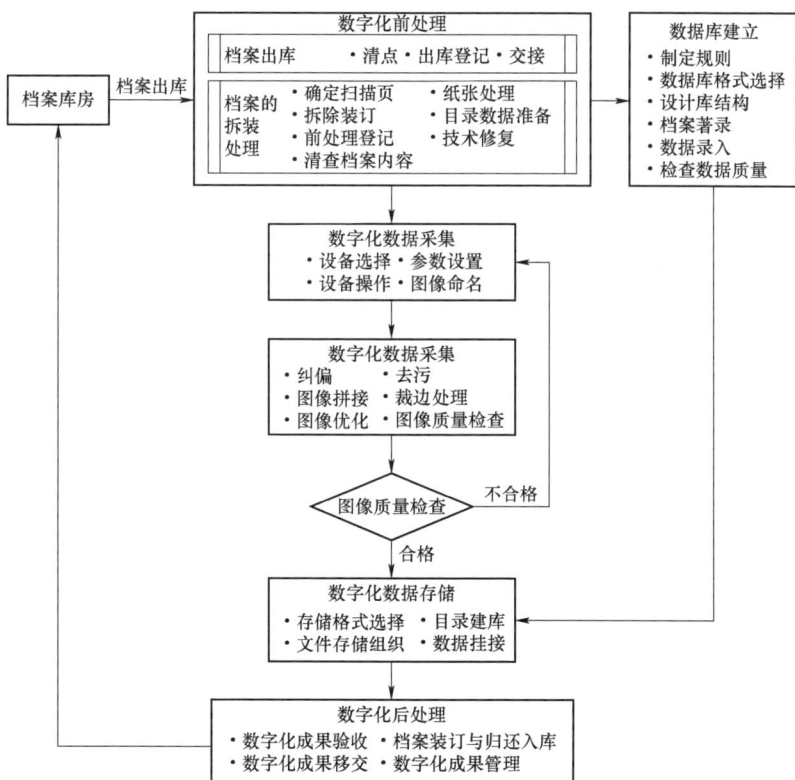

图 5-3-2　纸质档案数字化加工流程

　　高校档案部门需要制订符合实际需要的文件，方便数字化工作管理，以提高工作效率。需要认真记录每个档案的进出流向，确保所有工作流程的登记工作都得到有效执行，纸质档案数字化工作方案应包括《纸质档案数字化审批书》《纸质档案数字化流程单》《档案调档登记表》《档案数字化前处理工作单》《纸质档案扫描工作单》《数字图像处理工作单》《数据录入工作单》《纸质档案数字化验收登记表》《纸质档案数字化成果移交清单》《数字档案信息存储备份登记表》《档案入库登记表》和《项目验收报告》等，以上表格可以是手工登记，也可以使用数字化加工系统生成报表记录，每张表格均需标明日期、档号、目录、数量、页数等相关信息。采用外包模式实施项目时，需要考虑招标文件、投标文件、中标通知书、项目合同以及保密协议等文件。档案部门必须执行加强数字化转型，将纸质档案转化为数字化档案，并确立数字化工作中文件整理、归档和交接等管理要求。

　　5. 档案数字化外包

　　外包是指与自主（内部）加工相对比的数字化加工方式，是档案部门选择可靠的数字化加工公司，公司提供相应的设备、人员、技术等，为档案部门提供数字化加工服务，档案部门只负责提供档案和最后的数据验收，其余工作均由外包的数字化加工公司完成。以业务外包方式对纸质档案进行数字化处理，有助于缩减档案部门的人力成本，同时也能加速馆藏档案的数字化进程。

　　开展档案数字化外包工作，档案部门应从企业性质、股东组成、安全保密、企业规模、注册资金情况等方面严格审查数字化加工企业的相关资质，按照《文献档案资料数字化工作导则》（GB/T 20530—2006）中的要求评估数字化加工企业的具有数字化工作专业知识和能力的人员、技术和设备，对数字化工作的内涵、规则及国际、国家的有关标准的熟悉程度等技术能力，从规章制度的建立健全程度等方面考察加工企业的管理能力。在纸质档案数字化加工项目实施过程中，应依据《档案数字化外包安全管理规范》(档办发〔2014〕7 号)和《档案服务外包工作规范第 2 部分：档案数字化服务》(DA/T 68.2—2020)等国家标准规范要求，从档案部门、数字化服务机构、数字化场所、数字化加工设备、档案实体、数字化成果移交接收与设备处理等层面执行严格的安全管理要求，同时档案部门应指派专门人员参与纸质档案数字化外包业务的监督、指导，完成质量监控、进度监控、投资监控、安全监控和协调沟通等方面的工作。

(三)高校纸质档案数字化前处理

1. 档案出库交接

依照数字化纸质档案的工作计划，档案保管的人员在工作前需要执行一系列准备工作，包括档案的调取、清点和登记。在这个基础上，我们需要对文档进行评估，以确定哪些是需要数字化的、有价值的文档，而不必考虑那些涉密、不需要数字化或已经归档过的文档。然后，提交档案出库申请并得到相关责任人批准。要完成出库手续，需先确保遵循档案库房管理规定，并将数字化对象的出库程序数字化处理。同时，还需与数字化加工部门协作核对无误后方可进行出库交接。

在数字化处理纸质档案时，需要设立一个数字化加工中心旁的储物库，用来存放暂时不需要数字化处理的纸质档案。同时，需要对纸质档案的借出和归还进行严格管理，仔细检查、核对和记录，以确保纸质档案的安全性。

2. 拆装整理

根据本部门的情况，我们对页面进行分类，将需要进行扫描的页面与不需要扫描的页面区分开来，并删去与此次工作无关或重复的页面。我们的原则是将所有确定需要数字化的纸质档案全部扫描，而不是选择性地扫描。我们的目标是尽可能地保持数字化成果与纸质档案的一致，以尊重档案的真实原貌。当确定扫描页后，对于那些没有页号或页号错误的档案，我们需要重新编制页号，并将它们放在统一的位置进行书写，以确保不会覆盖原本的档案内容。在编制页号时，需要使用不会对档案原件造成破坏或影响长期保存的笔、墨等材料。清点档案时，需要认真逐个物品、逐页查验，同时记录任何破损、缺失等特殊情况。

要确保保护纸质档案，原则上应当在拆卸装订之前进行审查，以确定是否需要这样做。对于那些难以复原的珍贵原件和可能导致老档案损坏的文件，必须与档案管理部门明确是否需要进行拆卸装订。在需要拆卸装订材料时，应当注意维护档案的完整和防止任何损坏，并对未正确排列的档案进行重新排序。针对那些需要特殊装订的档案，在拆卸它们之前，应该用拍照等方式对它们原始状态进行记录，以便日后能够轻松恢复它们的原始状态。目前按装订方式来分，档案有两大类：一类是 2001年以前"立卷"方式整理的档案，"立卷"档案文件大都是按照三点一线进行装订组卷；另一类是在 2001 年 1 月 1 日后开始实施国家档案局颁发的行业标准《归档文件整理规则》（DA/T 22—2000）后推行的"不立卷"方法整理的档案，即每份文件装订后装盒，免去立卷、装订案卷等复杂环节，也就是按"件"管理的档案。不论是"立卷"档案还是按"件"管理的档案，需要拆除的在档案数字化前都要拆除装订物，数字化工作完成后再装订还原。不能拆除的档案可以借助数码翻拍仪或平板扫描仪等逐页进行数字化加工，尽可能使数字化加工的文件与档案原貌相符。

（四）高校纸质档案数字化数据处理

1. 建立目录数据库

目前大部分档案部门均运用档案管理系统开展了在局域网或政务网内立卷归档工作，待数字化加工的档案大都在系统中有了文件目录数据，但还是可能存在部分档案文件目录与文件内容不符或部分档案文件目录缺失等问题，档案部门或数字化加工单位应按照目录数据库建立时制订的数据规则，包括数据字段长度、字段类型、字段内容要求等，目录数据库数据规则的制订应符合《档案著录规则》（DA/T 18—1999）对档案著录的要求。在准备纸质档案目录并建立目录数据库时，必须遵守数据规则，确保数据准确无误。在选用数据库时，应该考虑是否可转成通用数据格式，以方便数据交换。在设计数据库结构时，应该重视档案内在的关联性，这样可以更好地管理和利用数字化资源。为了保证数字档案的准确性和完整性，档案部门或数字化加工单位需要根据实物档案的原始内容，按照规范的方式编制档案目录。在数字化纸质档案之前，需要对档案目录进行适当的调整和增补，将调整后的结果录入数据库，以确保目录数据的准确和完整性。为了确保著录项目的完整、规范、准确等方面的质量，我们可以结合计算机自动校对和人工校对的方式来检查目录数据的质量。在发现数据不符合标准时，应迅速采取修正措施。

2. 档案扫描

在数字化纸质档案的过程中，需要考虑纸质档案的实际情况、数字化的目的、规模、计算机网络和存储条件等因素。针对不同情况，需要选择不同的扫描设备，对相关参数进行适当的配置和调整，以确保数字图像清晰、完整、无失真，并真实地呈现原始档案的效果。

在选择数字化加工前的扫描设备时，应格外关注如何保护档案本身，因此建议尽可能选择那些对档案本身造成最少破坏的扫描设备进行数字化处理。可以使用高速扫描仪或平板扫描仪对 A3、A4 大小的文书档案进行数字化处理。对于比较大的 A2 及以上幅面的工程图纸和档案，建议使用宽幅扫描仪进行数字化处理。珍贵档案可以使用零边距扫描仪或数码翻拍仪等设备进行数字化处理，这些设备可以避免拆卸珍贵档案的需要。如果所需扫描的文件大于扫描仪的尺寸，可以使用大幅面扫描仪进行扫描，或者使用小幅面扫描仪进行分幅扫描，然后将图像拼接在一起，这样可以解决扫描尺寸的限制问题。进行分幅扫描时，需要留足够宽的重叠部分，确保相邻图像无缝衔接。同时，应使用标板等工具清晰地标示出分幅的方式。如果你计划后续使用软件来自动拼接图像，我们建议你设置重叠尺寸为单张图像的原始尺寸的 1/3 以上，以确保拼接质量。对于尺寸不规则、价值极高的档案资料，为了直观展示原件的大小，可以采用标板或标尺等方法，标示出它们的尺寸和其他重要信息。为了保障设备运行的正常，档案部门和数字化加工单位应当定期进行设备维护和保养，并严格遵守设备使用规程，以确保设备始终处于良好的状态。

为了保留原始档案信息，并能为多种目的提供便利，建议对所有纸质档案进行全彩色扫描处理。在扫描档案页面时，如果页面上包含红头、印章，或有插入照片、彩色插图及多种颜色的文字等元素，请使用彩色模式进行扫描。如果你只需要扫描没有插图的文件，它们可以使用黑白二值模式进行处理，并且保证字迹清晰可读。此外，可根据需求，让页面只呈现黑白两种颜色。即便文件只有黑白两色，只要其字迹模糊或含有插图，依然可采用灰度模式进行扫描。扫描时所用的主要技术指标是分辨率，以每英寸点数（dpi）为单位，数值愈大表示所得到的扫描图像越清晰。在选择扫描分辨率时，应综合考虑数字图像后期利用方式等因素，以确保扫描后图像清晰、完整。在将纸质档案数字化转换的过程中，您应该将扫描分辨率设置至少为 200 dpi，以确保转换后的文档质量达到标准。如果文字较小、排列密集或图像清晰度较低，建议扫描时分辨率不低于 300 dpi。如果打算将这段文本用于计算机输出的缩微摄影、仿真副本、印刷出版或其他类似目的，可以根据具体需要自由调整扫描分辨率。建议选用 300 dpi 及以上的高分辨率扫描文件，以进行 COM 输出操作。如果需要进行精确的仿真复制，建议使用至少 600 dpi 的扫描分辨率。在考虑档案的大小、印刷出版的要求以及精度等方面，我们需要选择适当的分辨率进行印刷出版。

为了确保档案能够长期保存，纸质档案的数字图像需要使用通用格式如 TIFF、JPEG 或 JPEG2000 进行长期保存，在决定图像压缩率时应考虑到实际需要。当我们需要使用纸质档案的数字图像时，可以考虑将图像转换为其他格式，如 OFD、PDF 等，以便于更快地浏览，更方便地操作，并且占用更少的存储空间，以达到更加综合且高效的效果。同一批次的档案应该使用相同的存储格式，以确保档案的一致性。一般情况下，档案部门会把 TIFF、JPEG、PDF 和 OFD 视为首选格式，用于储存档案材料。其中，TIFF 作为一种较为稳定可靠的格式，主要用于长期保存，后三种格式则更适合进行档案的检索和利用。数字图像的命名应当以档号为基础，并选择一种保证命名唯一性的方式。为了保持文本意思的不变，可以使用文件编号来命名图像，这样在存储数字图像为多页文件时会更合适。为确保数据挂接的准确性，应当科学地设置纸质档案的数字图像存储路径。

3. 图像处理

将扫描图像与档案原件对照，如果出现图像模糊应当重新加工，如果出现偏斜、黑点等问题，应当使用扫描仪自带加工软件或档案管理系统对图像进行处理优化，力争和档案原貌一致。为确保纸质文件数字化后图像的完整性，需要将多个数字图像进行拼接处理，这些数字图像是由分幅扫描形成的。在拼接过程中，需确保拼接处平滑自然地过渡，以消除明显的拼接痕迹，最终形成一个无缝融合的图像。

扫描图像如出现方向不正确、不符合阅读情况等应进行旋转处理。针对数字图像中不符合阅读方向的情况，可通过旋转 90°或 180°将其还原。对于出现偏斜的图像，应采取纠偏处理，以确保其视觉效果偏斜度不超过 1°，这样能够保证阅读体验更加舒适。扫描过程中如果出现黑点、黑线、黑框、黑边等因扫描产生的影响图像的杂质，应当使用扫描仪自带加工软件或档案管理系统对其做去污处理，以去除在扫描过程中产生的污点、污线、黑边等影响图像质量的杂质，在处理档案的过程中，需要遵循展示档案本来的状态的原则。在处理的过程中，不应该去除档案原有页面的褪色斑点，水渍，污点或装订孔等痕迹。采用白色做底色的彩色模式扫描的图像，应对数字图像进行裁边处理，应在距页边最外延至少 2～3 mm 处裁剪图像，去除多余的白边，尽量维持和档案原貌一致，同时能有效缩小图像文件的存储容量，优化存储空间。为方便后期实现档案的全文检索，还应当使用扫描软件或档案管理系统中的光学字符识别功能对扫描图像进行字符识别，转化成对应的双层 PDF 文件或提取页面中的文字信息。

扫描完成后应及时对图像数据进行质量检查，对比档案原件进行页数检查、文件命名检查、偏斜度检查、清晰度检查等质量检查，同时应当对比档案文件目录进行内容检查。如果数字处理后数字图像不完整，难以清晰辨识或图像失真度较高，建议重新扫描处理。必须及时纠正漏检、重检、过度检测等情况。当数字图像与档案原件的排列顺序不匹配时，应当立即进行整理。当发现数字图像拼接、旋转及校正、裁剪、去除污点等处理效果未达到图像质量要求时，需重新进行图像处理。

（五）高校纸质档案数字化后处理

1. 数据挂接

数据挂接是将经过质检的纸质档案数字图像，挂接到档案管理系统中，与档案文件目录数据库一一对应，实现目录数据与数字图像的关联，便于档案管理者和利用者通过档案管理系统直接调阅档案全文。为实现目录数据与数字图像的关联，需要通过相关软件对数据库中的目录数据和相应的纸质档案数字图像进行批量处理和挂接，这个过程被称为数据挂接。

在高校档案数字化项目进行验收之前，档案部门需要检查每一个挂接的效果。为了确保准确性，需核实数字图像是否与纸质档案目录一致，同时比对数字图像的挂接数量与实际扫描数量，还需验证数字图像的打开是否正常，必须及时发现并立即纠正错误。

2. 移交验收

高校档案部门应根据将纸质档案转换为数字化形式的方法，组织一支专门的团队进行验收，以评估数字档案转换的质量。该部门应该既采用计算机自动检验，又结合人工审核的方式，来审查数字化成果。高校需要对纸质档案进行数字化审查，这需包括确认数字化转换的质量和数据挂接情况。数字化成果指的是数字图像、目录数据元数据及数字化过程中使用的文件和存储设备等多个方面。若你要将文件目录的数字单位转换为文本格式，然后提交给档案部门进行验收，只有通过他们的验收，才能算完成加工服务，这个过程的重点是确保数据库内各个记录的准确性、格式和必要的目录内容是否填写完整。此外，元数据也必须通过验收，核查完整性和赋值规范性等问题。

数据挂接是整个档案数字化加工过程中非常重要的一步，是对整个数字化工作的成果归纳，数据挂接的质量好坏直接关系着数字化整体工作质量的高低。为了防止人为出错，数据挂接一般都采用针对单个项目专门开发的专业挂接软件进行批量处理，挂接后的数据会再次使用专业检查软件进行核查，验收组还应当安排档案管理人员进行人工抽查，确保挂接的100%正确率，确保后期档案检索利用的效率和质量。

数据数字化验收小组需要核实数字图像与目录数据的正确挂接情况，以确保数据的准确性。还需对工作文件进行核实，确保其完整性和符合规范，以确保数据具有可读性和准确性。除此之外，还需进行存储介质的检测，其中包括在线存储、移动硬盘和光盘等，以保证它们的可靠性，并排除任何病毒或其他相关问题的存在。对于那些可以使用计算机自动检测的项目，应该全程采用计算机自动检测，以确保100%的检测合格率。对于无法通过计算机自动验证的项目，可以依据实际情况，采用抽样检验的方法进行人工检查，可按照件或卷为单位进行。数据抽检的比率应该保持在5%以上。当进行数字图像内容对比时，必须保证抽检合格率达到100%，同时其他内容的抽检合格率不能低于95%。

针对不同批次的档案，数字化验收组需要运用不同的验收策略，检查和核验纸质档案的数字化成果质量。只有当数字化纸质档案每批处理结果符合验收标准，并且完成了数据挂接工作，才能获得验收通过。如果验收结果不符合要求，就需要重新加工或调整，并进行重新验收。完成验收后，必须在签署相关人员确认的情况下，及时进行登记。一旦数据通过验收合格，就应及时按照数字化工作方案将纸质档案转化为数字形式，并完成相应的交接手续。一旦接收到数字化成果，档案部门必须对其进行精细管理，执行定期备份并采用适当的措施来保障数据安全和永久性。

3. 归还入库

在将纸质档案数字化之后，对于曾经拆开装订过的文件，需要重新进行装订，以还原档案的原貌。重新装订过程要耐心、细致，谨防缺页或页序颠倒等现象的发生，并对档案原件的完整性做一次检查，做到准确、无遗漏。同时在重新装订档案时要注重档案安全，实施对档案的保护，尽量减少因二次装订对档案造成的破坏，尽可能利用档案上原有的针孔进行重装，对破损的卷皮和档案盒要重新及时更换，并分析破损的原因，解决问题，妥善保管档案，避免再次破损。档案装订还原后，档案部门应按照档案入库相关要求对纸质档案进行处理和清点，入库前要确保档案的完整性，检查装订过程是否出错，如有错误应及时采取补救措施。清点确认无误后档案部门和数字化加工单位可以进行档案移交工作，填写《纸质档案数字化流程单》并履行相关交接手续。档案部门在档案入库前应对档案进行消毒、杀虫等保护处理，最后办理入库手续。

三、高校数字档案馆声像档案资源建设

高校声像档案承载着一所学校的集体记忆，不同于文书档案的呈现方式，声像档案不但保证了历史内容原汁原味，而且生动活泼、简洁直观。学校每一张泛黄的照片、每一个黑白的视频片段都可以把师生校友带回学校发展历程中的过往岁月。声像档案文件能够客观、形象地记录学校发展历史，展现一些重大活动时间节点的真实面貌，是高校重要且

珍贵的数字档案资源，整理编研后可以用于学校门户网站宣传，制作或出版音像制品、陈列展、大事记等，可以通过生动、形象的方式介绍学校的发展历程，具有和其他门类档案互补且无可替代的作用。

高校照片档案资源是记录学校重要活动和重要工作成果的图像资料，主要包括重要领导和著名人物参加学校重大公务活动的照片、学校组织或参加重要活动的照片、记录学校重大事件和重要成果的照片等。档案馆对具有归档价值的照片，应当同文书档案一样要求，及时收集整理归档，对照片档案的管理应当遵循《照片档案管理规范》（GB/T 11821—2002）《数码照片归档与管理规范》（DA/T 50—2014）《照片类电子档案元数据方案》（DA/T 54—2014）等国家和档案行业的标准规范进行管理，制定符合本馆实际的技术规范和管理制度细则，借助数字档案馆中的声像档案管理系统，把数字化后的照片和数码照片集中管理、安全存储、便捷查阅利用。

录音录像档案资源以声音和影像记录了学校的重要会议、外事活动、精品课程、讲座论坛等重要的教学科研管理活动，能完整生动地通过影像的方式反映学校的发展记录。随着网络和新媒体的飞速发展，数字期刊、数字报纸、电子书、短视频等都广泛用于宣传和记录学校的重大活动，随之产生大量具有归档价值的录音录像文件。档案馆应当对这些有归档价值的电子文件进行收集存储利用，录音电子文件一般收集 WAV、MP3、ACC 等通用音频格式，录像电子文件一般收集 MPG、MP4、FLV、AVI 等通用视频格式，对录音录像档案资源的管理应当遵循《录音录像档案管理规范》（DA/T 78—2019）等相关的档案行业标准规范，把具有凭证、查考和保存价值并经系统整理的录音录像文件及其元数据管理存档于档案馆。

现在待归档的声像电子文件大都由数字摄录设备拍摄或录制直接形成，无须经过办公自动化系统内特定的业务办理流程，导出、保存极为方便。在现实中，数字摄录设备类型众多（如数码相机、数字摄像机、数字录音笔、智能手机、平板电脑等）且使用简便、十分普及，在业务活动现场或任何场景可随时生成声像电子文件，但由于缺乏流程控制，给归档工作带来了一定困难。实施声像电子文件的归档，首先要建立和完善电子文件归档管理制度，明确并落实声像电子文件形成部门的职责，并对技术和业务归档规则作出明确规定。声像电子文件的收集范围与整理要求参照《数码照片归档与管理规范》（DA/T 50—2014）和《录音录像档案管理规范》（DA/T 78—2019）执行。其次，声像电子文件归档前，应由摄录者或电子文件形成部门按照标准规范要求完成声像电子文件的收集、挑选、整理、简要著录和提交归档工作。这些工作可采用手工方式完成，也可依托声像档案管理系统以半自动化方式开展，归档程序参照业务系统形成的电子文件归档程序执行。

四、高校数字档案馆专题数据库建设

专题数据库建设是在现有馆藏档案资源的基础上，通过有组织的分析、筛选、整合，把某一特定专题的档案集中、有序、系统地组织在一起。高校档案馆应当根据自己学校的办学特点和馆藏资源特色，建立各种专题数据库，充分开发馆藏资源，为学校学科建设和教学科研管理提供支撑服务，进一步优化和发展馆藏档案资源，深化拓展档案用户服务，以满足信息时代用户多样化、个性化的信息需求，也是档案馆自身生存与发展的需要。

高校档案馆可以依托馆藏某种特有的档案资源，建设古籍类、史料类或特种文献类数据库，高校办学悠久，古籍类、史料类等特种文献资源较多，这些珍贵的资源年代久远，具有很高的研究价值，同时部分资源脆弱易损，尽快地整理开发好这部分资源，既能对这部分珍稀资源进行了保护和抢救，也解决了资源保护与利用的矛盾和难题，同时又能提高资源的利用率和充分发挥资源的价值。

高校经过多年发展，每个学校都有自己的办学特色和办学定位，具有鲜明的特色学科专业，学校围绕这些特色学科也会产生大量的特色资源，最后归档至档案馆，档案馆也应当抓住这个特点，针对这些特色学科、重点学科开发建设相关的馆藏资源，同时根据这个特点开展相关资源的征集工作，收集整理各类师生著作、论文、文集、获奖情况、科研成果、学位论文、教学课件、讲座论坛和学校出版的各种刊物及提供检查评估的各种支撑材料等，力争把这个特色的专题库建设为一个内容丰富、资源齐全的数据库，充分展示学校教学科研的成果，既充分体现了学校教学科研水平、学科优势、学术特点、研究实力与发展情况，展示学者的成就与风采，进一步宣传学科特色，同时让资源服务于学校重点特色学科，彰前贤励后学，充分发挥档案"存史、留凭、资政、育人"的作用，进一步促进学校学术交流与学术繁荣。

参考文献

[1] 赵芳，徐荣丽. 高校档案工作管理［M］. 哈尔滨：东北林业大学出版社，2018.

[2] 郭静. 高校档案的社会化服务研究［M］. 长春：吉林文史出版社，2021.

[3] 左婷婷. 高校档案公共服务与信息化管理［M］. 长春：吉林出版集团股份有限公司，2018.

[4] 王晓珠，袁洪. 高校档案管理探索［M］. 昆明：云南大学出版社，2011.

[5] 刘健美. 信息安全视域下高校档案管理研究［M］. 北京：国家行政学院出版社，2016.

[6] 党跃武. 高校档案工作科学发展探索与实践第 3 辑［M］. 成都：四川大学出版社，2014.

[7] 党跃武. 高校档案工作科学发展探索与实践［M］. 成都：四川大学出版社，2010.

[8] 李晖. 国防特色高校档案管理与信息化建设［M］. 哈尔滨：哈尔滨工程大学出版社，2019.

[9] 吴彧一，王爽，刘红. 高校人事档案管理实务与创新［M］. 延吉：延边大学出版社，2020.

[10] 西仁娜依·玉素辅江. 高校教学档案管理理论研究与实践［M］. 长春：吉林人民出版社，2019.

[11] 付婧娇. 高校档案信息化建设现状及提升策略探索［J］. 办公室业

务，2023（10）：118-119，122.

[12] 钱坤，杨菲. 刍议信息时代高校档案信息化建设策略［J］. 兰台内外，2023（9）：6-8.

[13] 贾丽君，廖利香. 大数据驱动下的高校档案信息化管理模式探析［J］. 兰台内外，2023（4）：16-18.

[14] 文玉花，郭斐. 高校档案信息化建设策略研究［J］. 德州学院学报，2022，38（5）：91-94.

[15] 李红豆. 高校档案信息化建设中的问题及对策研究［J］. 文化产业，2022（28）：117-119.

[16] 李福英. 大数据时代的高校档案信息化建设［J］. 吉林广播电视大学学报，2022（5）：141-143.

[17] 王茜. "互联网＋"背景下高校档案信息化建设路径研究［J］. 内蒙古科技与经济，2022（13）：92-93.

[18] 王彦麟. 浅谈如何提升高校档案信息化建设水平［J］. 黑龙江档案，2022（3）：22-24.

[19] 张晓培，高梦杰. 基于信息生态理论的高校档案信息化建设分析框架［J］. 黑龙江档案，2022（3）：64-66.

[20] 廖秀娟. 大数据环境下的高校档案信息化管理［J］. 兰台内外，2022（6）：76-78.

[21] 孟晓楠. 教育信息化 2.0 时代高校档案数据管理研究［D］. 保定：河北大学，2022.

[22] 许臻. 高校电子档案管理影响因素研究［D］. 南京：南京大学，2021.

[23] 牟奇蕾. 高校档案馆信息服务质量研究［D］. 武汉：华中师范大学，2021.

[24] 高梦杰. 高校档案信息化建设提升策略研究［D］. 郑州：郑州大学，2021.

［25］ 孟娜.湖南省"双一流"高校档案信息化管理研究［D］.湘潭：
湘潭大学，2020.

［26］ 高寒.高校学籍档案信息管理系统研究与实现［D］.南昌：南昌
航空大学，2018.

［27］ 林秀.高校档案信息化管理问题及对策研究［D］.福州：福建师
范大学，2017.

［28］ 陈书琴.新时期深圳市高校档案管理信息化建设研究［D］.西安：
陕西师范大学，2016.

［29］ 乔园.高校招标档案信息化管理模式构建研究［D］.郑州：郑州
大学，2016.

［30］ 金丹.辽宁省高校档案信息化建设现状研究［D］.沈阳：辽宁大
学，2014.